U0899404

新华社
全媒体高端访谈

对话上海国企领导

改革开放再出发　新征程上铸品牌

中国经济信息社/编

上海人民出版社

致　谢

新华每日电讯

新华网

中国金融信息网

金融世界

东方广播中心

第一财经广播

第一财经电视

东方网

资料提供

上海建工集团股份有限公司	郑双征　王　帅　陈祺彬
上海申通地铁集团有限公司	吴昕毅　尹　炜
上海国际集团有限公司	马海燕　魏　巍　汤静怡　陈思全
上海科技创业投资（集团）有限公司	徐　杨
上海电气集团股份有限公司	沈　瑾
上海农村商业银行股份有限公司	汤晓蕾　张安立
百联集团有限公司	汪争平　史小龙　许　斌　曲军梅　钱晓鑫
华东建筑集团股份有限公司	陈文君
申能（集团）有限公司	沈寒秋
上海化工研究院有限公司	胥　喆　马　坤　赵　诚　张忠宝
东方国际（集团）有限公司	刘才源　秦辰舜　杜永隽
国泰君安证券股份有限公司	陈　都
上海浦东发展银行股份有限公司	苏显清　王　颖　刘振盛
上海隧道工程股份有限公司	陈　烨　高　捷

（排名不分先后，以采访时间为序）

● 上海建工集团股份有限公司在承建上海中心大厦工程中，应用了自主研发的“新型内置液压动力模块化整体钢平台模架装备”

● 目前，由上海申通地铁集团有限公司投资建设并已投入运营的轨道交通线共计 17 条

上海国际集团发起设立长三角协同优势产业基金，基金总规模 1000 亿元，首期募资 100 亿元

上海科技创业投资（集团）有限公司投资的中微半导体设备（上海）有限公司，专注于极大规模集成电路制造中的等离子体刻蚀机的研发和生产

● 2018 年，上海电气集团股份有限公司先后实现“华龙一号”全球首堆和海外首堆堆内构件设备交付

● 上海农村商业银行股份有限公司积极服务实体经济、践行普惠金融，力争成为扎根本地、服务高效的上市公众银行

● 百联时尚中心是百联集团有限公司倾力打造的国际时尚设计聚集及孵化平台，致力于培育中国新一代本土时尚的创新者与创造者

● 由华东建筑集团股份有限公司原创设计的国家会展中心（上海），首次实现了大面积、大跨度展厅“无柱化”，是全球最大的会展综合体项目

● 中能（集团）有限公司旗下上海燃气集团历经 153 年发展，已成为城市能源保障体系的重要组成部分

● 为了保障首届“中国国际进口博览会”期间的空防安全，上海化工研究院检测中心配合 PACTL（上海浦东国际机场货运站有限公司）在 2018 年 10 月 24 日至 2018 年 11 月 10 日对所有化工品货物开展“100% 开箱查验”专项行动

由东方国际（集团）有限公司承办的上海时装周已连续运作 17 年，成为打造上海时尚之都建设的重要载体

2018 年，国泰君安证券股份有限公司助力红狮控股集团有限公司公开发行 2018 年扶贫专项公司债券，募集资金用途为全部用于会昌红狮水泥精准扶贫项目

● 2018 年 6 月 27 日，“浦发 · 中国移动 5G 金融联合创新实验室”揭牌仪式在上海举行

● 上海隧道工程股份有限公司成功研制的“阳明号”，是世界最大的断面类矩形盾构机，开挖的隧道断面接近矩形，去除传统圆断面隧道里的无效空间，使地下空间利用最大化

上海建工集团
SHANGHAI CONSTRUCTION GROUP

上海申通地铁集团有限公司

上海国际集团
Shanghai International Group

目　录

序 言

党的十九大以来，上海的一系列新作为令人瞩目。其中，打响上海服务、上海制造、上海购物、上海文化“四大品牌”，是上海更好落实和服务国家战略、推进高质量发展、创造高品质生活的重要举措，是改革开放再出发的重要实践，对于推动中心城市功能落地、做优、做强，进一步提升城市能级和核心竞争力具有重要意义。

图难于其易，为大于其细，上海在建设卓越全球城市的进程中，选择服务、制造、购物、文化四大领域开展布局，既立足当下，又意蕴深远。

打响“四大品牌”，政府是谋划者、引导者，市场主体是真正的体现者。拥有逾18万亿元资产，约占全国地方国资委监管企业总量的1/4，上海是不折不扣的地方国资重镇。2018年，上海地方国有企业锐意进取、攻坚克难，全年实现营业收入3.52万亿元、利润总额3438.93亿元，同比增长8.2%和1.4%；资产总额累计19.27万亿元，同比增长6.2%。

一年来，上海国有经济稳中有进、稳中向好，国资国企综合改革联动效应不断放大，推动完成国家和上海重大战略任务的骨干作用进一步凸显。作为打响上海“四大品牌”的主力军，上海国资国企正不断深化改革，做强主业、做实创新、做响品牌。2018年上海国资在战略性新兴产业、先进制造业、现代服务业、基础设施和民生保障等四大领域的投资集中度达到85%。目前，上海地方国有企业排名全球行业前10位的企业集团达到6家。上汽集团、浦发银行、太保集团、绿地集团进入《财富》世界500强，上海建工等24家企业进入《财富》中国500强。

培育具有全球竞争力的世界一流国企品牌，不仅需要国企自身过硬的竞争力，还离不开各方面外部环境的支撑。2018年7月至9月，在上海市国资委党委、上海市国资委指导下，新华社中国经济信息社、《新华每日电讯》、新华网、东方广播中心联合主办了“改革开放再出发　新征程上铸品牌——2018‘对话上海国企领导’

全媒体大型访谈”活动。在为期两个多月的时间里14家上海国企主要负责人做客新华社高端访谈间，与新华社记者直接对话，总结挖掘企业全面深化改革、助力打响上海“四大品牌”的生动实践，展现了上海国资国企创新发展的突出成就、落实改革试验的具体举措，以及在推动完成国家及上海市重大战略任务中发挥的骨干作用。

访谈期间，新华社旗下《新华每日电讯》、新华网、新华社客户端、《经济参考报》、中国金融信息网、《金融世界》，以及第一财经广播、第一财经电视、东方网等同步播发了大量新闻稿件，各大财经网站、主流网络媒体广泛转载，微信、微博等自媒体平台也自发传播，掀起了访谈内容的传播热潮。

为此，中国经济信息社编辑团队整理了全国各大媒体对此次访谈的报道，以及新华社有关上海国资国企改革、“四大品牌”建设、助力经济高质量发展等方面的重点稿件，精心编辑了这本《改革开放再出发　新征程上铸品牌——对话上海国企领导》。全书从媒体的视角，全面、深入地展现了上海国资国企改革转制、创新转型、铸造品牌的进程和成果，旨在为公众了解上海国资国企创新发展、上海“四大品牌”建设搭建一座桥梁，营造振奋人心的良好舆论氛围。

“对话上海国企领导”访谈活动已成功举办四届，获得了社会各界的关注和肯定，产生了广泛、积极的影响。2019年，上海将深入贯彻落实习近平总书记考察上海重要讲话精神，坚持稳中求进工作总基调，坚持新发展理念，坚持服务战略大局，坚持党对国有企业的领导，牢牢抓住国资国企综合改革的契机，以国资管理创新带动国企改革发展，加快改革开放向纵深推进，加快创新发展转型升级，加快提升国资监管效能，加快推动国有经济高质量发展。我们相信，上海国资国企必将在改革发展的进程中留下浓墨重彩的一笔。我们也希望，通过精心策划、有效传播，“对话上海国企领导”访谈和系列丛书将成为展示、记录国资国企改革发展历程的品牌活动和重要窗口。

最后，向为了“改革开放再出发 新征程上铸品牌——2018‘对话上海国企领导’全媒体大型访谈”成功举办和本书问世付出辛勤汗水的各界同仁表示衷心感谢！

一、综合篇

“以创造，赢未来”：上海发展再起宏图

新华社　姜　微　何欣荣

多杆合一、架空线入地，城市管理井然有序；展会闭幕、交易不停，多家常年展销平台陆续开业；立足长三角、面向全世界，核心区入驻企业超过3000家。隆冬时节，首届中国国际进口博览会的举办地虹桥商务区热力四射。

一隅观全局。令世界瞩目的虹桥，是上海改革开放再出发的写照。

“拿出中流击水的勇气、爬坡过坎的韧劲、翻山越岭的毅力”“创造性地贯彻落实中央要求，创造性地谋划推进各项工作”——在2018年12月28日举行的上海市委全会上，上海市委书记李强表示。富于创造，正在成为上海城市发展最亮丽的底色，干部群众最普遍的状态。

抓改革开放：把握“四个放在”，形成“四大支撑”

2018年是改革开放40周年。最好的纪念方式，是让改革力度更大、开放范围更广。

从年初强调“吃改革饭、走开放路、打创新牌”、全力打响“四大品牌”，到年中系统部署“提升城市能级与核心竞争力”、召开长三角主要领导座谈会推进更高质量一体化发展，再到年末举办首届中国国际进口博览会、领受增设上海自贸区新片区等三项新的重大任务，2018年的上海，以不忘初心的姿态砥砺奋进。

岁末盘点，在经济面临下行压力的背景下，上海拿出了一份颇具“含金量”的成绩单：

全市经济运行总体平稳，稳中有进、稳中向好，呈现高质量发展态势；改革创新效应持续显现，全社会研发经费占GDP的比重预计达到4%；“五个中心”建设稳步推进，国际金融中心指数排名全球第五，集装箱吞吐量连续九年位居全球第一。

面向全球、面向未来，这是上海改革开放应有的坐标体系。今年年中的“扩大开放100条”发布后，上海市政府相关部门收到一封来自伦敦的邮件。伦敦金融城政策与资源委员会主席孟珂琳写道：“这些行动表明，上海走在市场开放的最前沿”。

“增强大局意识、全局观念，要始终把上海发展放在中央对上海发展的战略定位上，

放在经济全球化的大背景下，放在全国发展大格局中，放在国家对长三角发展的总体部署中来思考和谋划。‘四个放在’是上海做好一切工作的基点。”李强表示。

跳出上海看上海，在服务全国中发展上海，改革开放天地宽。李强说，中央交给上海三项新的重大任务连同进口博览会，构成了上海在更高起点、更高层次上推进改革开放的四大战略支撑。

自贸区新片区是上海新一轮对外开放的重大平台，长三角一体化是上海扩大对内开放的重大平台，上交所设立科创板是资本市场的重大创新，进口博览会是我国向世界开放市场的重大举措。这四大战略支撑，将极大地拓展上海的发展空间，增强上海的发展动力，重塑上海的城市格局。

促创新发展：突破重点领域，提升“经济密度”

实现高质量发展，是新时代的内在要求。正在建设全球科创中心的上海，更加自觉地把创新作为第一动力，把实体经济作为着力点，加快推进新旧动能转换。

创新发展，既要舍得投入，更要形成生态。一年来，精准有效的扶持政策，日益优化的营商环境，不断集聚的顶尖人才，让上海的创新“场效应”越来越强。特斯拉落户，上汽大众新能源汽车工厂开工，阿里、腾讯和百度都来了。国内外的巨头，不约而同把他们的新技术、新业务、新产品布局在上海。

在日趋白热化的全球科技竞争中，集成电路、人工智能和生物医药众所瞩目。针对重点领域，上海集中力量攻坚，拿出颠覆超越的劲头，抢占制高点、跑出“加速度”。

集成电路事关经济命脉。目前上海正在建设国家集成电路和智能传感器两个制造业创新中心，华力 12 英寸生产线建成投片，中芯国际 14 纳米技术开发取得重大进展。

人工智能作为一种颠覆性技术，已经站在了产业发展的“风口”。在今年上海举行的“2018 世界人工智能大会”上，上海明确把加快发展人工智能作为优先战略，力争建设成为国家人工智能发展高地。

生物医药既关系百姓健康，也是永不衰退的朝阳产业。张江药谷的新药研制走在全国前列，首台国产磁共振成像仪正式推向市场、首个国产新型心脏起搏器上市。坚持研发与制造并重，到 2020 年上海生物医药产业规模有望达到 4000 亿元。

以创新为导向，上海着力提升“经济密度”，倡导“以亩产论英雄”。上海市政府副秘书长陈鸣波说，要把好的资源给好的企业，让有限的资源得到最大程度的高效利用。这也体现了上海的发展观：不唯 GDP，并非不要 GDP，而是要更高质量的 GDP。

推精细治理：见情怀有温度，管好“老小旧远”

在浦东新区城市运行综合管理中心，一块巨大的屏幕上实时跳动着各种数据，包括接警数、实有人口、地铁故障等25个城市管理核心要素。它们像“神经元”一样，准确感知城市运行的“脉搏”与“心跳”。

要实现高质量发展，又要创造高品质生活，是上海市委、市政府对市民的承诺。“像重视城市建设一样重视城市管理，用当年搞城市建设的劲头来抓好精细化管理”，成为上海全市上下的一致行动。

让城市管理“像绣花一样精细”，新技术的运用不可或缺。浦东交警支队副支队长李钱龙的感受是，小小红绿灯也能体现城市大智慧。“过去的红绿灯时间都是固定的，现在通过道路感应线圈以及监控设施，根据车流量调配红绿灯时间，提高了城市通行效率。”

技术不能替代感情投入。一个有温度的城市，还要注重在细微处见功夫、见质量、见情怀。今年的上海，5次应对台风天气袭击，3次正面登陆，均经受住了考验。“要把城市管理落到一砖一瓦、一草一木，把平时不注意的地方管细、管好”——应急管理的背后，离不开“日常之功”。

城市治理，归根结底是服务民生。哪里有民生“痛点”，哪里就是治理发力点。“老、小、旧、远”四个民生问题，已经摆在了上海市委、市政府的案头。

“老”，重点是加强养老服务；“小”，重点是发展托育服务；“旧”，重点是加快旧区改造；“远”，重点是帮扶郊区困难农户——解决民生问题，上海市市长应勇条分缕析。

开埠以来，上海创造了诸多堪称“传奇”的经典。站在新时代的起点上，再出发的上海仍然充满活力。“上海是年轻的，风华正茂的，年轻就是用来奋斗的，就是要敢于冲锋的。”李强说。高举伟大旗帜，上海要努力成为新时代改革开放的先锋和标杆。

（原载《新华每日电讯》2018年12月29日）

着力提升能级和核心竞争力　上海迈向建设“卓越全球城市”新征程

新华社　姜　微　何欣荣　姚玉洁

党的十九大以来，上海的一系列新作为令人瞩目：

优化营商环境，以“革命性再造”的决心，推进“一网通办”政务服务；打响上海服务、上海制造、上海购物、上海文化四大品牌，构筑城市发展战略优势；坚持需求导向、问题导向、效果导向，在全市范围以“大调研”激活“大开放”“大创新”……

举网以纲，千目皆张。中共中央政治局委员、上海市委书记李强说，上海的发展重在提升能级和核心竞争力，把功能做强，体现集聚辐射效应。聚焦重点，乘势而上，上海阔步迈向建设卓越全球城市的新征程。

明确发展主线　力争战略主动

上海自贸区最近迎来一个新成员。英资背景的怡和保险经纪公司不仅将总部搬至上海，还获批扩大经营范围，可以为中国大陆所有公司及个人提供全方位的风险咨询、员工福利和保险经纪服务。

立足上海，服务全国甚至全球，正在成为很多新落沪企业的优先选项。无数个像怡和这样的“经济细胞”，为上海提升城市能级和核心竞争力打下了生动注脚。

城市能级和核心竞争力为何关键？观世界大势，这是城市演化的普遍规律。从威尼斯、阿姆斯特丹的率先兴起，到伦敦、曼彻斯特的后来居上，再到纽约、东京的脱颖而出。在城市兴衰史上，能级和核心竞争力是首要因子，是真本事。

“纽约的钱并不是只来自纽约人，也绝不是只给纽约人用，而是汇聚全球资本，再给全球用。”经济学家周其仁说，给予别人的越多，自己的影响力反而越大，“上海要走的就是这么一条全球城市之路。”

看自身发展，这是上海承担新时代新使命的必然要求。随着我国经济规模和综合实力跃居全球前列，需要建设与之相匹配的全球城市，代表国家参与国际合作和竞争。

最近在上海召开的长三角地区主要领导座谈会，提出把长三角建设成为具有全球竞争力的世界级城市群。这其中，需要上海发挥关键的龙头带动作用。

“龙头城市主要看能级。有能量才能辐射，有能力才能带动。”上海市政府副秘书长、发改委主任马春雷说，上海抓紧建设的国际经济、金融、贸易、航运和科技创新“五大中心”，正在打造的服务、制造、购物和文化“四大品牌”，出发点就是发挥高端要素市场相对齐全发达的优势，全力带动区域经济发展，使长三角在世界经济版图上有更大的话语权和更强的竞争力。

值得注意的是，城市能级和核心竞争力，并不是单打一的指标。无论是沿用已久的 GDP 和人口总量，还是备受关注的独角兽和上市公司数量，都只是城市发展的一个侧面。

“评价一个城市的发展水平，应是多维度、综合性和长周期的，最终要以城市能级和核心竞争力来说话。”上海市委副秘书长、市委研究室主任康旭平说，只有抓住这根主线久久为功，上海才能赢得未来发展的战略主动。

围绕核心功能　再聚焦再提升

明确了城市发展主线，还要找准主攻方向。在周其仁看来，全球城市竞争激烈，谁也不可能面面俱到。上海要聚精会神，做其他城市做不了或难做好的事。

经过多方论证、反复酝酿，围绕城市核心功能、聚焦关键重点领域，全面提升城市的吸引力、创造力、竞争力，上海下一步发展的“5+8”路线图逐渐清晰：

——立足当下，推动“五大中心”建设取得新突破。比如，国际经济中心建设的一个发力点，是提高“经济密度”。市委书记李强在多个场合表示，上海淡化 GDP，不是不要 GDP，而是要更高质量的 GDP。提高“经济密度”、以亩产论英雄，正是追求更高质量 GDP 的途径之一。

在全球科技创新中心建设中，“策源能力”被摆在了更加突出的位置。瞄准世界脑科学研究前沿，2018 年 5 月，上海脑科学与类脑研究中心在张江实验室揭牌。中科院院士、张江实验室主任王曦说，基础研究是科学体系的源头。实现从 0 到 1 的创新、产出一批具有前瞻性和引领性的原创成果，关键看基础研究的厚度。

——着眼未来，在品牌建设、对外开放、全球网络等八个方面打造新高地。近期，打响“上海制造”品牌传来喜讯：工信部明确，在上海建设集成电路和智能传感器等两个国家级制造业创新中心。以提升产品服务的创新含量为抓手，上海积极打造有国际标识度的上海品牌新高地。

47 部世界首映，84 部亚洲首映；对标“世界顶级”，成立“一带一路”电影节联盟，2018 年的上海国际电影节再次刷新纪录。本届电影节金爵奖主竞赛单元评委会主席姜文说，上海国际电影节不仅属于中国，更属于世界。

除了国际电影节，下半年上海还会迎来世界人工智能大会、首届中国国际进口博览会等一系列重磅盛会。发挥盛会的辐射和溢出效应，上海计划建设一系列高能级的载体平台，吸引全球高端要素加快向上海集聚。

深化改革开放　解答时代之问

“清运车多长时间来一次？配备了多少专用车辆？是分开运还是混合运？”2018 年 5 月底，上海市市长应勇走进杨浦的一个老小区，了解垃圾分类机制。应勇说，做好垃圾分类工作，既是推进上海生态文明建设的重要举措，也是超大城市精细化管理的重要环节。

图难于其易，为大于其细。提升城市能级和核心竞争力，必须一件件实事去抓，一项项短板去补。通过面向全球、面向未来，努力实现高质量发展、创造高品质生活。

既重视硬实力，又关注软环境，是上海在提升能级和核心竞争力方面的基本原则。从架空线的整治，到地铁的安全运行，再到垃圾分类处理，今年上海在精细化管理方面，拿出了当年搞城市建设的劲头，力求让所有工作生活在上海的人们，都能感受到这座城市带来的获得感、安全感、幸福感，使上海成为具有国际吸引力的宜居之都。

始终用改革开放的思路和办法，来解决制约城市能级和核心竞争力提升的瓶颈难题。2018 年是浦东开发开放 28 周年，“吃改革饭、走开放路、打创新牌”，成为这片热土上最响亮的声音。

浦东的生物医药产业全国知名。过去，企业的研发成果要变成生活中的“灵丹妙药”，曾经路途漫漫。上海市委常委、浦东新区区委书记翁祖亮说，通过制度创新，浦东将药品上市许可与生产许可“解绑”，让创新企业专注于研发，做出的新药交给有资质的企业生产，科技成果转化能力大大提升。

“10 年、20 年后，上海拿什么参与全球合作竞争？”——在多个场合，这个发问引起了上海干部群众的深深思考。

坚持对标顶级、创造一流，对自身发展进行再审视、再明确、再提升，一幅蓝图呼之欲出：

通过近 5 年的努力，使得上海的城市能级和核心竞争力大幅提升。在此基础上，再用 5 年左右，使得上海在全球城市网络中具有较大影响力。到 2035 年，上海要成为与我国综合国力和国际地位相匹配的卓越全球城市。

以舍我其谁的决心、只争朝夕的状态，将蓝图变为现实，上海正踌躇满志、奋楫争先。

（原载《经济参考报》2018 年 6 月 27 日）

提“质感”重“温度”上海构筑高质量发展新优势

新华社　姜　微　何欣荣

最新公布的统计数据显示，2017 年上海市生产总值首次突破 3 万亿元大关，经济账本有“质感”、民生指标有“温度”，全市发展站在了新的起点上。

长三角一体化取得多项新共识、全市上下开展“大调研”、把制度供给放在更突出的位置……瞄准构筑战略新优势，开年以来上海撸起袖子抓改革，彰显了“新起点上再出发”的决心。

提高站位，“更好代表国家参与全球合作与竞争”

新时代的背景下，构筑战略新优势，上海时不我待。

然而，如何做好发展的新文章，考验上海的定力和智慧。

“中央要求上海做的绝不是争全国第几。”上海市政府参事室主任王新奎说。提高站位、面向全球、面向未来，是上海 2035 规划中建设“卓越全球城市”的应有之义。

环顾当今世界，城市群正在全球经济中发挥越来越重要的作用。最新召开的长三角主要领导座谈会传递出明确信号：三省一市要共建内聚外合的创新网络，在长三角率先构建“区域协同创新共同体”。上海独树一帜的科技教育、人才资源和城市治理等优势，在长三角建设世界级城市群的过程中只会不断凸显。

上海的一系列新布局也体现了这一理念：基础性研究、原创性成果，是建设科技强国的重要标志。张江实验室 2017 年 9 月底揭牌，实验室主任王曦说，实验室将建设成实现国家目标的战略科技力量。根据计划，2018 年上海将配合国家实验室筹建，服务保障硬 X 射线自由电子激光装置等大科学设施建设，推动北大、清华等在张江设立创新中心。

率先构建开放型经济新体制，上海落子如风：依托洋山深水港等区域，探索建设国内首个自由贸易港，方案已经上报中央。举全市之力筹办首届中国国际进口博览会，相关推介工作正在有序开展。

俯下身去，“坐在办公室里都是问题、走下去就都是办法”

“浦东能否考虑建设一个创业‘特区’，让创业者专心投入，打造新的‘筑梦空间’”“建议抓住自由贸易港的优势，建设跨境自贸商品城，吸引更多跨境和转口业务的公司亚太总部落户”……

在近期浦东新区召开的“问需问计”座谈会上，近十位民营企业家，纷纷给出自己的真知灼见。听众席上，除了浦东区委区政府四套班子，还有十多个委办局的负责人。

“扑下身子了解问题”，这是上海市委向全市干部发出的号召。上海市委负责人说，很多看似难以解决的事情，“坐在办公室里都是问题，走下去就都是办法”。

从新年第一周开始，上海的党政机关开展了一场“进企业、进社区、进农村”的全覆盖调研。市委市政府领导班子带头，“既问需，也问计”，让调研真正出实效。

发现问题、找准“堵点”，才能做到“供需适配”。在上海市嘉定区，区委书记马春雷从公交枢纽站乘专线一路来到嘉北郊野公园，从站点设置等细节思考公园品质。在杨浦区，一家金融科技公司关于上海和外地企业注册周期的比较，让区委书记李跃旗直言感到“揪心”，相关改进措施抓紧推进落实。

位于上海市北高新园的上海数据交易中心，最近迎来了上海市发改委的调研团队。大数据在城市管理方面有哪些应用？数据的获取、筛选和分析还存在哪些问题？——互联网时代的服务，大数据是基础，也是面向未来用之不竭的资源。

上海市政府副秘书长、发改委主任汤志平说，上海正在大力培育平台经济、分享经济等适应时代特点的新业态、新模式，调研得到的建议，将进一步提升“上海服务”的能级。

做深做透，“让制度供给成为上海的核心竞争力”

从 2017 年 2 月公布省级医疗器械招标结果开始，一年不到的时间，位于张江的逸思医疗已经将外科器械产品送入浙江的前十大医院，市场份额约 30%。

逸思医疗创始人聂红林说，企业能有这样的高速发展，既得益于自身的努力，也离不开监管新政的推动。2017 年年底，上海自贸区在全国率先试点医疗器械注册人制度。改革实现了医疗器械产品注册和生产许可的“松绑”，让创新成果更易问世。

“经济社会发展处于高速变动之中，新情况、新需求随时出现，就更要强调制度供给的及时性。”上海市委负责人说。当前，上海正在推进“上海服务”“上海制造”“上海购物”“上海文化”四大品牌建设。瞄准价值链高端，每个品牌都有新的内涵，对制度供给提出了新要求。

岁末年初，一系列新的改革措施在上海奔涌激荡：

——部市联动增强人才环境吸引力。2018 年年初，公安部在沪表示，为顶尖科研团队中的外籍核心成员申请永久居留提供便利。上海市委提出，打造各类研发、创投和服务平台，为人才提供更便利的“创新熟地”。

——提升效率让百姓更有获得感。2018 年 1 月中旬，上海市政府常务会议决定，在全市不动产登记启动“全网通”服务改革，居民办理不动产交易登记将从原来的 41 个自然日，缩至 5 个工作日。

——“刀刃向内”释放市场活力。最近，经国务院批准，浦东新区将进一步对商事制度、医疗、投资、建设工程等 10 个领域 47 项审批事项进行改革试点，在“证照分离”的基础上推进“照后减证”……

打造更快的“自贸区速度”、营造更强的创新“场效应”。瞄准高质量发展，上海已经迈开大步。

（原载新华网 2018 年 1 月 22 日）

当好新时代国资国企改革排头兵

新华社 姜 微 陈宝玖 何欣荣 吴 永

拥有逾18万亿元资产，约占全国地方国资委监管企业总量的1/4，上海是不折不扣的地方国资重镇。党的十八届三中全会后，上海在地方国资系统中打响改革“第一枪”。2016年以来，上海又相继出台《本市国有企业混合所有制改制操作指引（试行）》《本市地方国有控股混合所有制企业员工持股首批试点工作实施方案》等配套文件，进一步将国资国企改革引向深入。

在接受记者采访时，上海市政府副秘书长、上海市国资委党委书记、主任宋依佳表示，上海坚持以深化国资管理创新带动国企改革，更加注重国有经济高质量发展、国有企业创新转型、国有资本配置效率、国资监管能力提升和企业家、人才队伍建设，努力当好新时代国资改革排头兵、国企创新发展主力军、上海品牌急先锋和企业走出去领头羊。

《经济参考报》：在推进新一轮国资国企改革中，上海主要做了哪些工作？取得了什么样的新进展？

宋依佳：上海地方国企生产总值连续多年占上海全市GDP总量的1/4左右。上海的国资国企改革，被国务院国有企业改革领导小组列为全国新一轮国有企业改革12样本之首。

具体而言，上海主要做了以下工作：一是坚持提质增效，提高国有企业核心竞争力。2017年，上海地方国有企业实现营业收入3.22万亿元，同比增长7.8%；利润总额3429.52亿元，同比增长10.2%。2018年一季度，上海地方国有企业实现营业收入8417亿元，同比增长11.2%；利润总额756亿元，同比增长11.7%。在整体稳中有进的同时，上海国资的质量指标再创新高。2017年上海的竞争类国企净资产收益率9.4%，接近全国国有资产绩效评价优秀值。实体经济企业平均资产负债率58.5%，下降0.6个百分点。金融企业发展平稳风险可控，银行业企业平均资本充足率达12.6%。

二是坚持公众公司导向，发展混合所有制经济。上海利用要素市场齐全的优势，推动企业走公众公司道路。到2017年底，整体和核心业务资产上市的国企已占竞争类国企总数的2/3。区级国资层面，浦东新区的畅联股份和静安的数据港实现A股首发上市。截至目前，全市共有83家地方国有控股境内外上市公司。

三是立足管好资本，加快职能转变优化监管方式。上海国资委坚持“管好资本、服务国企”的监管理念，完善“直接监管为主、委托监管为辅”的市属国资监管体系，完成市级行政事业单位所办企业的清理规范工作。

严格重点领域风险管控。强化企业境外投融资、产权变动、资金管控和资产评估风险防范，优化境外投资事前备案管理机制。对拥有金融牌照资源的市管企业明确监管要求，守住不发生金融系统性风险底线。

转变职能服务企业。先后清理废止42件规范性文件，下放28项审批事项，完善“管好资本、服务企业履职清单”“事中事后监管事项清单”，推动产融对接项目，协调变更企业划拨土地权证。

四是加快转型升级，激发国企创新动力活力。落实上海市政府与国务院国资委“1+3”战略合作目标，推动中央企业积极参与上海全球科创中心建设，成功签约20个项目，累计金额2200亿元。

与此同时，完善机制营造创新环境，安排国资预算资金支持技术创新和能级提升项目。对企业研发投入、创新转型、境外投资中经认定的费用视同当年考核利润。建立创新后备、创新骨干、创新领军三级人才体系，先后引进海外高层次人才40余名。

通过环境营造，一批上海国企创新活力涌动：如上海仪电集团以“云+端”为重点打造智慧城市生态圈，上汽集团混合动力乘用车技术获国家科技进步二等奖，上海电气海上风电机组跻身全球前三。

《经济参考报》：近期中央企业联合重组的步伐很快，央企的总数已经步入百家以内。在推进地方国企联合重组方面，上海有什么样的考虑，相关安排如何？

宋依佳：推进国企联合重组，是优化调整国资布局结构，推动国有资本做强做优做大的重要举措。“上海国资国企改革20条”明确，要加快形成适应现代城市发展要求的国资布局，通过联合重组，推动国有资本向优势产业，以及优质企业和优秀企业家集中。

2017年，服务国家战略和上海城市社会发展，上海国资完成创新发展、重组整合、清理退出“三个一批”270个项目。加快国有资本向优势产业、优质企业和优秀企业家集中，推动国资在战略性新兴产业等四大领域的集中度超过80%。

深化平台改革推动国资流动。2014年，上海市确定上海国际集团、国盛集团为上海两大国资流动平台。两大平台先后发起设立科创、国企改革、军民融合产业投资基金，“上海改革ETF”基金也成功发行，各类基金规模近1500亿元。

面向全球培育国际竞争合作优势。主动融入国家长三角一体化以及振兴东北等战略，国际国内两个市场配置资源的能力不断提高。

《经济参考报》：在坚持和完善党对国有企业的领导，建立现代企业制度方面，上海国资系统有什么样的探索，积累了哪些经验？

宋依佳：坚持党对国有企业的全面领导，是上海国资系统一以贯之的原则。上海在全国地方国资系统中率先制定并落实基层党建、党风廉政、意识形态等“三张责任清单”，组织全系统820余名书记开展党建和党风廉政建设述职评议。党建工作作为领导班子和领导人员任期综合考核重要内容，权重占比分别提高到20%、18%。

在形成国企党建责任体系的同时，上海国资系统还开展了丰富的基层党建活动。比如，我们在全系统开展“万名书记进党校”培训活动，根据基层党组织书记在实际工作中遇到的难题和困惑，让他们“带着问题来、带着办法走”。

加强国企党建，上海坚持党的领导与完善公司治理相结合。上海市管企业的党建要求纳入公司章程，全面推进党委书记、董事长“一肩挑”，全面落实党组织研究讨论是董事会、经理层重大决策前置程序的要求，探索构建中国特色现代国有企业制度。

《经济参考报》：试点职业经理人薪酬制度改革和员工持股，完善中长期激励机制，是国企改革的重要内容。上海作为改革排头兵，在上述两方面的改革进展如何？

宋依佳：2017年，上海在8家企业试点职业经理人薪酬制度改革。试点企业均为上市公司，法人治理结构比较完善。目的是激发市场活力，创新经营模式，促进人才流动，按照市场化选聘、契约化管理的原则，积极营造管理人员能上能下、人才能进能出、薪酬能多能少的体制机制。员工激励方面，试点员工持股，建立股权期权、现金分红等长效激励机制。

总结市管企业改革情况，2018年上海将严格业绩考核，完善市场化机制，一司一策稳妥推进。鼓励上市公司、科技型企业、国有创投企业加大实施股权期权、分红激励和跟投试点力度。

在改革的过程中，我们深刻感受到，人才是发展的第一资源。尤其是下一步金融开放，更多的外资公司进入中国市场，人才的竞争将更加激烈。国企要做强做优做大，事业留人之外，还要适当待遇留人。我们要通过搞活体制机制，充分调动国企管理层和员工的积极性。

《经济参考报》：落实党的十九大精神，2018年上海在推动国资国企改革方面有什么进一步的计划？

宋依佳：落实党的十九大精神，按照高质量发展的要求，以供给侧结构性改革为主线，上海国资系统将做好以下工作：

一是着力做强做优做大国有资本。上海国资国企将坚持“质量第一、速度稳健、结构优化、风险可控”原则，推动企业持续改善主业质量，确保发展速度不低于全市经济增速、质量效益继续高于全国国有企业平均水平。

同时，瞄准最高标准、最好水平，建立健全质量效益指标评价体系，包括资本回报体系、主业质量体系、资产质量体系和增长速度体系。以“完善考核、防范风险，服务实体经济”为重点，发挥金融企业和实体经济企业对接平台作用。

二是深化混合所有制改革。继续推进企业集团整体或核心业务资产上市，加大对新兴产业企业进入资本市场的培育、指导和服务。指导企业加强市值管理，推动上市公司优化股权结构，研究探索优先股、特殊管理股制度。

加大开放性市场化重组力度。以国务院国资委与上海市政府的战略合作为契机，深化地方国有企业与中央企业合作，推动部分企业非主业资产和相关资源整合到主业企业。深化公司制股份制改革，继续实施科研院所国有股权多元化改革。

三是引导国企打造一流企业品牌。制定主业管理操作指引，调整优化部分实体企业主业目录，明确金融企业主业目录。推动企业加大投资力度，重点布局战略性新兴产业等领域，加快互联网、大数据、人工智能与制造业深度融合。完善国有创投企业市场化运作实施细则，探索建立科技成果、知识产权归属和利益分享机制。

我们将按照上海市委市政府进一步提高“上海服务”辐射度，彰显“上海制造”美誉度，增强“上海购物”体验度，展现“上海文化”标识度的要求，对接上海“四大品牌”建设，推动企业制定品牌建设三年行动计划。聚焦培育新兴品牌、提升优势品牌、激活老字号品牌，打造具有核心竞争力和品牌影响力的一流企业。

四是坚持以管资本为主加强国资监管。我们将深入研究完善国资管理体制，合理确定国资监管机构、国资运营平台、国有企业权利边界，以管资本为主改革国有资本授权经营体制。完善平台公司运作机制，增强资本运营功能。

制定国资委监管企业投资监督管理办法，建立分层分类投资监管体系。聚焦大额资金、境外投资和存续资产，强化财务审计监督。坚持事前规范制度、事中加强监控、事后强化问责，完善国有企业违规经营损失责任追究制度，推动企业集团制订和完善鼓励创新、宽容失败的容错纠错操作细则。

（原载《经济参考报》2018 年 6 月 11 日）

上海国企改革瞄准“四大品牌”

新华社　何欣荣

食品领域的“光明”、酒店领域的“锦江”、购物领域的“百联”、体育领域的“F1 中国大奖赛”……在上海城市发展史上，有一批熠熠生辉的国企品牌。

瞄准高质量发展，打响“上海服务”“上海制造”“上海购物”“上海文化”四大品牌，上海市国资委近日印发相关实施方案，推动国企在打响“四大品牌”中发挥主力军作用。

摸底数：18 万亿“硬资产”之外，855 个品牌彰显“软实力”

作为地方国资重镇，一系列“硬指标”体现了上海国资的实力：拥有逾 18 万亿元资产，约占全国地方国资委监管企业总量的 1/4。2017 年实现营收 3.22 万亿元，地方国企生产总值连续多年占全市 GDP 总量 1/4 左右。

随着打响“四大品牌”的深入，在总资产、总收入这样的“硬指标”之外，上海国企发展的“软实力”越来越受到重视。企业品牌就是“软实力”的重要组成部分。

上海国资委梳理发现，上海市属国有企业正常经营的各类品牌有 855 个，获得市级以上及国际认定的品牌企业有 266 家。“中华老字号”和“上海老字号”全市共 222 家，其中国有及国有控股企业占 66%。

上海建工，是国企品牌的代表之一。从北京国家大剧院、上海中心大厦、广州新电视塔到苏州东方之门，很多地方的地标建筑都打上了“上海建工”的烙印。良好的品牌效应，帮助上海建工旗下市政总院与中铁二十局集团组成的联合体，近日成功中标雄安新区首个市政项目。

“企业品牌是城市综合实力和竞争力的重要标志，是一座城市的响亮名片。”上海市政府副秘书长、市国资委主任宋依佳表示，“推动国有企业全力打响上海‘四大品牌’，是贯彻中央要求、服务城市发展战略的需要，也是深化国资国企改革的需要。”

出实招：品牌投入视同利润、老品牌市场化振兴

用改革的思路推动国企打响“四大品牌”，上海国资委以品牌建设的投入机制、考核评价机制、激励约束机制等为着力点，出台了 12 条实实在在的举措：

——在品牌投入方面，发挥国资收益的杠杆作用，带动各类社会资本共同参与国有企业品牌建设。对被授予国家级品牌的申请费用、咨询费用，在市管国有企业法定代表人经营业绩考核中“视同于利润”。

——加快混合所有制改革，优先推进品牌企业整体上市和核心资产上市，鼓励具有一定品牌影响力的国有控股上市公司引入战略投资者实施“二次混改”。

——加快国有老品牌市场化振兴，对企业主业范围内的重点老品牌，鼓励企业以市场化方式引进战略投资者、开展员工持股、实施各类适合品牌发展的激励；不属于企业重点发展的、非主业领域内的、已停产的休眠类品牌，允许企业进行协议转让、公开拍卖或许可使用。

——优化人才政策体系，加快引进、培养和集聚有利于“四大品牌”发展和老字号传承的企业家、职业经理人、高技能人才。

积极拥抱市场、不搞抱残守缺，这是上海国企打响“四大品牌”最根本的特点。上海国资委表示，通过创新国资管理，推动国企成为上海服务更好、制造更强、购物更优、文化更佳的引领者、示范者。

绘蓝图：形成 10 家以上具有国际竞争力的企业

近日，上汽集团发布产销快报：2018 年上半年销售整车 352 万辆，同比增长近 11%，稳居国内汽车企业榜首。其中，包括荣威、名爵在内的自主品牌乘用车上半年销量达 35.9 万辆，同比增长近 54%。

在销量领先的基础上，上汽集团还在国内车企中率先成立了人工智能实验室。上汽集团董事长陈虹表示，要通过加强核心技术攻关、产品与商业模式创新等，持续擦亮“上汽品牌”。

上海国资委提出，要通过三年的努力，创新培育一批新兴品牌，巩固提升一批优势品牌，激活振兴一批老字号品牌，积极打造千亿级的名品名企，形成 10 家以上具有国际竞争力的企业，打响 300 个有较强市场影响力的品牌。到 2020 年，力争获得市级以上及国际认定的品牌营业收入在上海国企营业收入中的占比超过 45%。

（原载《新华每日电讯》2018 年 7 月 17 日）

解码500亿级上海国企改革发展股权投资基金：当好国资国企改革的“推手”

新华社　何欣荣

拥有近18万亿元资产总额、体量仅次于央企的上海国资系统，2017年年底悄然迎来了一名生力军“选手”——上海国企改革发展股权投资基金。

总规模500亿元，首期募资200亿元，亮相不凡的上海国企改革发展股权投资基金，吸引了市场的诸多关注。基金功能定位如何？主要有哪些投资方向？怎样体现国资国企改革的新作为？记者近日采访了相关负责人。

定位：国有资本运营的战略性操作平台

作为地方国资重镇，2016年上海地方国企实现营业收入3.05万亿元、利润总额3232亿元、资产总额17.5万亿元，约占全国地方国资总量的1/6、1/4、1/5。在上海的整体经济运行中，地方国资多年来扮演了“四分天下有其一”的角色。

“庞大且质地优良的国有资产是上海弥足珍贵的战略资源和战略储备。”上海国企改革发展股权基金发起方上海国盛集团董事长寿伟光表示。正因为看好上海国资的未来发展，基金首期募资达到200亿元。明确出资的企业中，除了国盛集团、上海国际集团、上海电气、上海城投等7家国企，还有浦发银行、建设银行、平安银行等6家金融机构，以及1家民营企业——德力西集团。

规模虽大，但活力有待提升，这是地方国资的总体特点。“基金将努力成为推进国有资本运营的战略性操作平台，担当国资国企改革的推手，使国有资本成为地方经济发展的‘活化因子’。”上海国企改革发展股权基金管理公司负责人周道洪说。

具体而言，上海国企改革发展股权投资基金将肩负三大战略任务：

服务上海城市发展战略。根据国务院最新批复的上海城市总体规划，上海将加快建设国际经济、金融、航运、贸易中心和全球科创中心。上海市委提出，构筑城市发展战略优势，将全力打响上海服务、上海制造、上海购物、上海文化四大品牌。“四大品牌中的每一项，都蕴含着丰富的投资机会。”寿伟光说。

与各路资本携手共赢。上海国改基金的出资人，包含了社会资本、上市公司、金融机构多个类型。与此同时，中国国有企业结构调整基金、太保集团旗下太平洋资产管理公司也表达了后续战略合作或投资的意愿。

聚焦国资国企改革。上海国改基金不仅立足上海市区两级的国资国企改革，还将瞄准央企、长三角乃至全国范围的国资国企改革，筛选有深远影响及有望与上海形成联动的重大项目参与投资。

打法：做好标杆性国企改革项目　推动战略性新兴产业发展

在推进国资国企改革方面，上海一直有颇多创新之举。2016 年下半年，汇添富中证上海国企 ETF 基金成立。首募规模达到 152 亿元，国盛集团、申能集团等名列基金前十大持有人。汇添富副总经理雷继明表示，基金成立一年来，越来越多的保险、基金等机构投资者成为国企 ETF 持有人，持有份额占比达到 24.5%。

最新成立的上海国改基金，也秉持了这种创新思路。据介绍，国改基金将采取组合投资策略，短中长期相结合，以股权投资与收购、兼并为主，兼顾夹层投资、战略投资和财务投资，计划在运作之初推出几部“重头戏”，树立国改基金的品牌形象。

从投资方向看，上海国改基金将首先做好上海市属标杆性国企改革项目。统计显示，整体上市或核心资产上市的企业，已占上海竞争类国企集团总数的 2/3。上海国资委明确，要坚持公众公司导向，来发展混合所有制经济。

“国改基金将充分发挥上市公司的资本平台功能，深入挖掘上海特别是国盛体系内的上市公司资源，将非上市国有企业改制和上市公司资源相结合，提升上海国资的证券化水平和能级。”周道洪说。

新经济的蓬勃成长，也为基金提供了大展拳脚的机会。上海国改基金将采取国内外重大收购兼并、境外私有化相结合的方式，切入新材料、新能源、生态环保、大健康、TMT 等战略性新兴产业，以及相应的产业技术升级领域，投资对象包括民营资本或央企控制的龙头企业（不限于上海）。

要实现战略目标，对基金管理方提出了高要求。周道洪表示，上海国改基金管理公司希望通过市场化的运行体制，创新基金运作模式，集聚若干专业的投资团队。

展望：从“管企业”转向“管资本”　体现国企改革新作为

作为上海国改基金的发起方，上海国盛集团在国资国企改革中的角色也备受关注。

成立于 2007 年的国盛集团，最初在投资上海重大产业项目、推进实业集团调整和清理不良资产等方面进行了一系列运作。2014 年，为进一步深化上海国资国企改革，上海市确定国盛集团、上海国际集团为上海两大国资运营平台。

上海国资委披露的数据显示，上海的两大国资运营平台通过参与企业改革、创新金融产品，目前已拥有股权价值800亿元、盘活存量资金约200亿元。

以国盛为例，目前其拥有光明食品集团、上海纺织集团（目前已与东方国际集团重组）两大上海市属国企49%的股权，同时参股上海建工、隧道股份等十几家国资上市公司。

党的十九大报告提出："要完善各类国有资产管理体制，改革国有资本授权经营体制""推动国有资本做强做优做大"。中国企业研究院首席研究员李锦表示，国资监管体制的改革，是深化改革的重要内容。2017年央企公司制改革后，国有企业不再是行政性企业，为以"管资本为主"的监管路径铺平了道路。

可以预期，按照"管资本为主"的原则，未来国资运营平台将发挥更加重要的作用。寿伟光表示，上海国改基金成立后，可配合国盛集团，采用系统内股权归集、协议受让、股权收购、参与定增、大宗交易等方式，通过联动运作，进一步做实国盛集团作为国有资本运营平台的功能。

一些观察人士表示，类似国盛集团这样的国资运营平台，未来可通过国有股权的进退流动、筹集资金投入新兴产业等方式，完成国有资本布局调整的目标，增强国有资本的张力和影响力。

（原载《经济参考报》2018年1月10日）

上海国资国企改革提速

新华社　陈　健

近日国企改革政策频出，不仅央企改革有提速态势，地方国企改革也在加快推进。上海市委副书记、市长应勇到上海国际集团和上海国盛集团调研；上海市国资委出台《关于本市国有企业全力打响上海“四大品牌”的实施方案（2018—2020）》(下称《实施方案》)。分析人士指出，上述动作释放了上海深化、加快国资国企改革，积极探索改革新思路的信号，后续有望看到上海国资国企改革不断推进和落地。

进一步提质增效

上海社科院经济研究所所长沈开艳告诉记者，早在20世纪90年代，上海国有企业开始转型。相对来说，上海国企改革进展较快。现阶段，上海存量国有企业需要进一步优化结构，为新产能落地腾出更多空间。

机构表示，2017年三爱富新重组方案发布、上工申贝完成MBO收购、水产集团与光明集团合并、上海环境完成分拆之后上市等成功案例，都意味上海国改已具备成熟的改革经验。

《实施方案》提出，通过三年努力，形成10家以上具有国际竞争力的企业，打响300个有较强市场影响力的品牌。将加快混合所有制改革，优先推进品牌企业整体上市和核心资产上市，鼓励具有一定品牌影响力的国有控股上市公司引入战略投资者实施“二次混改”。

对上海“四大品牌”(“上海服务”“上海制造”“上海购物”“上海文化”)建设，沈开艳表示，品牌打造需要长期积淀，依赖消费者等对企业品牌的认知和信任，是一种口碑，一种无形资产。其中，上海原来制造业就比较强，下一步国企改革的重任仍然是大力发展先进制造业，推进制造业转型升级。国有企业要有企业家精神、工匠精神、契约精神。这些都是企业文化品牌塑造的重要方面。

下一步，上海市国资委将指导国有企业在2018年底前完成品牌建设三年行动计划的制定，继续完善品牌建设的考核激励等各项具体政策，并积极开展品牌企业试点工作。

下半年推进多项工作

近期，上海市国资委主任宋依佳表示，今年上海在推动国资国企改革方面主要做好以下工作：着力做强做优做大国有资本；深化混合所有制改革；引导国企打造一流企业品牌；坚持以管资本为主加强国资监管等。

沈开艳表示，推进国有企业改革需要赋予企业更多自主权，建立现代企业制度，如规范的委托代理机制、产权明晰。在产权明晰方面，国企改革的重点是管理国有资本，优化资源配置，确保国有资本保值增值。

以管资本为主加强国有资产监管，正是新一轮国资国企改革的方向。上海在这方面已进行探索，2014 年上海确定国盛集团、国际集团为上海两大国资运营平台。国盛集团以国有资本投资运营为中心，正在着力打造具有“国资特色、平台特征、国盛特点”的国资运作大平台。上海国际集团在近日召开的 2018 年中工作会议上表示，下半年，上海国际集团主要工作包括：进一步提升服务国家和上海重大战略的能级；积极主动推进国资运营平台功能深化改革；积极主动探索优化金融国资布局；全面加强集团系统主动投资业务；持续加强风险防范；持续提升集团系统党建工作水平。

在推进混合所有制改革方面，宋依佳表示，将继续推进企业集团整体或核心业务资产上市，加大对新兴产业企业进入资本市场的培育、指导和服务。指导企业加强市值管理，推动上市公司优化股权结构，研究探索优先股、特殊管理股制度。

值得注意的是，7 月 11 日，东方航空发布公告称，拟引入均瑶集团等多家企业参与混改。分析指出，这是民企参与航空业国企混改的第一起案例，国企混改再添里程碑。

沈开艳指出，混合所有制改革不能急功近利，新一轮改革要做到不同所有制良性发展，共同推动企业成长壮大。

（原载《中国证券报》2018 年 8 月 1 日）

上海国资国企今年改革任务“清单”出炉　继续推进企业集团整体上市

新华社　宋薇萍

3月13日召开的2018年上海市国资国企工作会议列出了当年改革任务“清单”。上海市国资委主任宋依佳在会上表示，2018年上海国资国企改革有八大重点任务，包括提高质量效益，着力做强做优做大国有资本；深化混合所有制改革，着力增强国有经济活力；深化职能转变，提高国资监管水平等。

其中，围绕深化混合所有制改革，2018年上海将充分发挥资本市场功能，加大开放性市场化重组力度，深化公司股份制改革。

宋依佳表示，上海将继续推进企业集团整体上市或核心业务资产上市，加快符合整体上市标准的核心资产上市公司调整管理架构。

据介绍，2017年，上海以公众公司为主要实现形式，引入各类社会资本参与地方国企改革。其中，国泰君安证券完成H股上市，上海电气完成核心业务资产上市，上海地产集团核心业务资产上市方案完成证监会审批程序。到2017年底，上海整体和核心业务资产上市企业已经占竞争类企业总数2/3。

“2018年上海将建立上市公司后备库，加大对新兴产业企业进入资本市场的培育、指导和服务，支持企业实现多地多层次上市。”宋依佳说，上海还将指导企业加强市值管理，推动上市公司优化股权结构，研究探索优先股、特殊管理股制度。

此外，上海还将完成1家至2家科研院所国有股权多元化改革，加快创新实现转型。稳妥实施燃气行业企业混合所有制改革，推动企业集团加快二级及以下企业公司制和混合所有制改革。理顺生产服务联社系统企业管理关系，深入推进供销社系统综合改革。

在业内看来，有关国资监管方面的提法是本次会议的另一大亮点。据介绍，上海将坚持以管资本为主加强国资监管，优化监管方式。其中，在加快职能转变方面，上海将深入研究完善国资管理体制，合理确定国资监管机构、国资运营平台、国有企业权利边界，以管资本为主改革国有资本授权经营体制。完善平台公司运作机制，增强资本运营功能。修订上海市国资委权责清单。

一位业内人士对记者表示，国资监管创新的一大前提是处理好国资委、国资运营平台和国企三者之间的关系，上述举措有利于优化三者关系，推动国资监管创新。

在做强做优做大国有资本方面，宋依佳表示，上海将完善科学评价体系，瞄准最高标准、最高水平，建立健全质量效益指标评价体系，包括以净资产收益率、净资产增值率为重点的资本回报体系，以主业毛利率、核心品牌销售增长率为重点的主业质量体系，以资产负债率、总资产报酬率为重点的资产质量体系，以营业收入增长率、利润总额增长率为重点的增长速度体系，推动企业建立管理改善和创新长效机制。

（原载《上海证券报》2018 年 3 月 14 日）

上海如何从改革“后卫”变“前锋”：新华社记者上海国企改革亲历记

新华社　吴复民

1978 年底历史性的党的十一届三中全会开启了中国改革开放的壮阔征程。在邓小平同志打出浦东开发、振兴上海这张“王牌”的战略决策下，上海以锐意进取的使命担当、改革激情和创新智慧，从沉重的基础设施欠账和历史包袱中成功突围，同时把国有企业必须跨过的机制体制改革、产业转型升级之“坎”，变成了凤凰涅槃、重振雄风的机遇。

我庆幸，长达数十年始终坚守在经济领域改革开放报道第一线的新华社记者生涯，让我有幸亲历了上海从传统体制盘根错节的计划经济“大本营”向社会主义市场经济的转轨转型，国有企业从放权让利到脱胎换骨制度创新的改革历程；亲历了被市场淘汰和主动“战略撤退”的数千家劣势企业“壮士断腕”关停并转，数百万下岗职工从国企“断奶”转岗再就业的剧烈阵痛；亲历了上海人在思想引领和精神激励下勇于革除新旧体制摩擦造成的心理失衡，在全国率先破解了“钱从哪里来”“人到哪里去”等国资国企改革难题，书写了上海从改革“后卫”一举跃升为改革“前锋”，直至全国改革开放排头兵的华彩篇章。

为完善国企改革起始阶段的试点方案做参谋

1979 年 7 月 13 日，国务院颁发《关于扩大国营工业企业经营管理自主权的若干规定》等五个文件，决定改革国营工业企业管理体制，给企业以“必要的独立地位”。

先期开展试点的万人大厂上海国棉 17 厂，是我常年联系的蹲点企业，我当经济记者的“第一课”便是在这家厂同纺织工人同吃同住同三班制劳动结下情谊。一天，上棉 17 厂厂长用调侃的口吻向我诉苦：“不是扩大企业的自主权吗？最好先给我一个‘权’，让我有权不参加试点。”

“咦？扩大自主权不是好事吗？企业为什么反倒不乐意？”这个出乎意外的问题一下子把我惊到了。

厂长给我算了一笔账：内地一家棉纺织印染厂的设备规模相当于上棉 17 厂加上海

第一印染厂，1978 年上缴利润 2000 万元，试点后增长 50% 为 3000 万；而上海这两家企业的上缴利润已经达到 9000 万，在这样高的基数上增长显然难度很大。但国务院试点方案却规定企业在增长部分按同样的百分比提取利润，根本抹杀了企业劳动生产率的高低和对国家的贡献大小，挫伤了先进企业的积极性。

我再深入到其他试点企业调研，发现这项扩权试点方案确实存在诸多问题：“鞭打快牛，保护后进”，使先进企业吃亏；用“一刀切”的办法按 1978 年水平计算企业利润基数留成率，造成企业“苦乐不均”；倘若 1978 年企业没有得到国家拨给的企业科研和技术培训费，那么，以后这方面的费用就没有来源等等。

此外，我在调研中还发现，这次扩权试点方案与国务院同时安排企业进行的内部各项基础工作整顿不衔接、不配套，企业内部整顿的成果缺乏经济手段来巩固。上海柴油机厂柴油机车间曲拐小组的例子就很典型。这个小组原来加工曲拐废品率达 5%，当年头 4 个月报废损失达 3.8 万元，可供小组人员发一年半工资；而在进行内部整顿推行全面质量管理后，废品率逐月下降，加上产量提高，同样 4 个月至少挣回了 3.8 万元，企业却无权给职工发一分钱奖励。职工抱怨：“浪费可以，节约无奖。”

在 40 年以后翻阅当年采写的文字资料，真有恍如隔世的感觉。国营企业被僵化的企业管理体制死死管住：“买醋的钱不能买酱油”“有钱买棺材，没有钱买药”“浪费有理，堵漏不行（企业上一个堵漏小项目也要层层报批）”，企业不过是主管部门的附属物，没有经营自主权。企业和职工干好干坏一个样，内无动力外无压力，效率呈下降趋势。

显然，扩大国营企业经营管理自主权，是企业“久旱逢甘露”的好事；但是要把好事办好，取得调动企业积极性的预期成果，改革试点方案必须进行较大的修改、完善、充实。刻不容缓，我立即采写调研报告，于 1979 年 9 月 1 日发往总社。9 月 8 日，中央领导同志就在我的这篇内部调研报告上作出长篇批示：“20 多年来，由于我们把主要精力纠缠在政治运动上，我们大家对经济问题都没有钻进去。”“我们现在拿出来的一些改革方案，有的还要进一步完善，有的还要大改，这是毫不奇怪的。因为集中全党、全国人民的正确意见还要有一个过程。因此，在这个问题上，决不能怕麻烦。”中央领导同志强调：“情况是不断变化的，历史是不断发展的，我们的经济管理还要随情况变化而变化，随历史发展而发展，而不能一劳永逸，一成不变，不能思想僵化。”

遵照领导指示，国家经委、财政部会同有关单位修改完善了扩大企业经营管理自主权的试点方案，并充实了巩固企业基础工作整顿成果所必需的配套措施。这项改革试点方案的设计团队感谢新华社的调研为他们“当了参谋，做了智囊”；推进了起始阶段的国企改革从局部试点到全国推广。

为推动全国首家特大型国企股份制改制鼓与呼

地处杭州湾畔金山卫的上海石化总厂，是毛泽东主席、周恩来总理为“解决全国人民的穿衣问题”，于1972年批准引进设备兴建的石油化工化纤联合企业，是分社确定我驻厂蹲点的调研基地。

在远离上海市区76公里的万亩海滩上围海造堤、打桩建厂的艰苦岁月，我同建设者们一起住在昏暗潮湿的“猪公馆”上下铺，成为“金山拓荒牛”大军的一员。我深感在现代化企业蹲点不懂技术不行，突击看书恶补石油化工知识，到最早引进的8套生产装置逐一拜师，勤学苦记，很短时间就能用化学反应方程式默写出石油原料裂变成化纤、塑料和各种化工制品的工艺流程，由此在总厂上下结交了一批知心朋友。

回首往昔，我从心底里感恩当年有机会扎根基层深入调研，广泛接触民众，遇到不同意见能再调研、再求证、再问计，从而真切了解实情，让我有底气尖锐地反映上海石化在新旧体制碰撞中面临的各种困难矛盾。譬如，1979年4月10日的《上海石化总厂该不该由纺织部独家经营？》反映了部门分割造成石油资源难以充分利用，得到李先念副总理的重视并批示和国家计划委员会、体制改革委员会领导的强烈关注。随后发表的一组三篇调研报告，被认为是国务院于1983年组建中国石化总公司以确保石油资源利用率最大化“最早的舆论准备”。又如，我国引进的第五套30万吨乙烯装置究竟建在哪里曾经长期争论不休，拖久不决。我的调研报告有理有据，中央领导在报告上批示：“我赞成早下决心，这一方案比较有利！”落户金山，一锤定音。

随着对国企改革从放权让利、利改税到承包经营、“仿三资”步步深入的追踪调研，由传统国有企业经营管理体制的弊端、政企不分、所有权和经营权不分、权责利不统一引发的咄咄怪事，越来越引起我的关注，我于20世纪90年代采用“拟人法”做标题采写的《岂能让“好人”不得“好报”》系列调研反映：国有企业虽然被抛进了市场经济的海洋，却没有真正取得市场经营主体的地位；“政府既是婆婆又是老板”，对企业的评价、考核、管理有悖市场经济的运营规律。譬如优势企业主动兼并重组同行业的亏损企业，用自己的利润和资本金帮助被兼并企业提升技术档次，调整产品结构，结果，国企增利国资增值的利益都归国家；被兼并企业的历史债务、人员安置都要优势企业承担，有的还被债务人告上法庭。一位拿到法院传票的经营者向市领导直言：“好人”忍辱负重为国家做好事却不得“好报”，以后谁还敢做“好人”？

这句反映企业对国家的贡献、经营风险与经营收益严重脱节不合理状况的“大白话”，多次被时任上海市委主要领导引用，成为上海推进“产权制度改革”建立现代企业制度“生动形象的诠释和动员”。1992年6月6日，我撰写的调研报告《上海石化总厂为国有资产增值50多亿元却咽下苦果，进行股份制改革企业才能尽快摆脱困境》，之所以能打动国家相关领导部门为这家特大型国有企业进行股份制改制亮起绿灯，就因为我在上述调研中对国有企业必须进行产权制度改革有了痛彻心扉的感受。

说起来，这颗苦果还是企业顾全局、算大账、自告奋勇酿造的。我国引进的第五套 30 万吨乙烯装置虽然获批落户上海，但这套闲置 7 年的装置直到 1986 年 6 月才戴上国家“七五”计划重点项目的桂冠，却得不到一分钱的投资，国务院只给出了“利用外资”这一政策，建设资金完全靠企业自行向国内外举债筹措。这种情况在我国基本建设历史上尚无先例。上海石化以国家利益为重，决定以破釜沉舟、敢为天下先的勇气超越自我，为振兴民族工业，义无反顾走出这条新路。

我用一系列扣动人心的对比反映了企业因此遭遇的不测：上海石化含辛茹苦五年、耗资 66.7 亿元建成了以 30 万吨乙烯工程为主体的第三期工程，使国家在石化总厂的固定资产从 48 亿元上升到 100 多亿元，翻了一番；使标志石油化工水平的我国乙烯产量上升到世界第 8 位，跻身世界石油化工大国行列；使总厂每年实现的利税从 13 亿元上升到 20 多亿元，国家抱个“金娃娃”。然而，企业却因为举债建设，背上了沉重的债务包袱，债务的平均年利率为 12.35%，远超企业的投资收益率；企业的资产负债率高达 75.4%，失去了发展后劲。世人把上海石化总厂称为“金山”，比喻它对国家所做的突出贡献。然而，局外人谁能想象，“金山”因主动承担这项建设项目陷入怎样的困境！

我在上海石化蹲点亲眼所见，整个建设期间始终险象环生。每天承担的债务利息就达 40 多万元，压得人喘不过气。最紧急时，几十亿元的建设项目出现过账面资金只有 7000 元、库存水泥只有 5 吨的险情。为保证工程建设，总厂不得不从上到下“勒紧裤腰带”：暂停建设工房，压缩过年过节的副食品供应，职工、家属踊跃认购爱厂储蓄，连孩子们的“压岁钱”、准备办结婚酒席的钱和献血的营养费都拿出来融入建设资金。当工厂毅然决然走上自筹资金建设的艰辛之路时，未曾料到以后五年还发生了市场化采购的原材料价格上涨，原油提价、美元对人民币汇率上升等种种不利因素叠加，企业不得不举新债还旧债，先后共发行了 8 期企业债券。而当工程全部建成以后，增值的 50 多亿元的家当全部归国家所有；而借高利贷利滚利最终近 100 亿元的债务，则全部归企业自借自还。产品被“指令性”计划全部收走，价格还被管得死死的。

上海石化总厂厂长王基铭是闻名遐迩的“王铁人”式的劳动模范，也是我很敬佩的一位挚友。让人殚精竭虑的企业困境，反过来大大拓展了这位“铁人”厂长的宏观思路。他牢牢抓住深化改革这条主线，孕育出一项大胆的改革方案：创新企业制度，对企业进行股份制改制，实行企业经营机制的根本转换，从根子上理顺产权关系，使企业真正具有自我累积、自我发展的活力！

从 1984 年 4 月起，我国启动了股份制改革试点，但社会上对股份制的争议还是比较大，试点局限在中小企业进行，大企业是没有的，更不用说关乎国家经济命脉的特大企业。但我确信改革总是在突破僵化保守中向纵深推进的。邓小平同志 1992 年 1 月在深圳谈话中指出：“证券、股市，这些东西究竟好不好，有没有危险，是不是资本主义独有的东西，社会主义能不能用？允许看，但要坚决地试。”这一指示更让我在反映企业的改革呼声中融入了充沛的感情和冷思考。

我花很大工夫用心采写为上海石化进行股份制改制鼓与呼的调研报告，中央相关部门领导阅后纷纷向国家体改委主任陈锦华询问情况，对企业的改革要求表示同情和理解。时任国务院副总理朱镕基批示指出，金山要求进行股份制改革的理由，新华社的调研报告写得很清楚、很充分，我们的态度是两个字：赞同。国务院副总理邹家华批示：“上海石化总厂进行股份制试点是一件大事，一定要搞得规范。”1992 年 9 月 9 日，国家正式批准上海石化总厂进行股份制试点，这是我国批准试点的特大型企业的第一家。陈锦华主任指出，“在国民经济命脉企业，国家财政支柱企业，（当时）销售收入占全国第 7 位的特大型企业，进行股份制试点，这个意义非同小可”。

给只想从股市“圈钱”的试点企业最及时的清醒剂

上海石化总厂肩负着中国第一批特大型国有企业规范化股份制改制试点和股票境内外发行上市试点的重任。由单一的国家所有制向混合所有制过渡，在国家控股的前提下，让国际资本和社会公众拥有中国支柱企业的部分产权，这在 20 世纪 90 年代是中国推进改革开放的重大举措。因此，国家体改委特别强调了“规范”两字，要求改制的标准、程序、目标都必须规范；不仅要同国际股份制企业接轨，还要为全国股份制改制的推广提供样板。

从一开始，上海石化总厂领导就下定了“不辱使命，对标国际、从难从严要求”的决心：眼光向外，刀刃向内，真刀真枪实干，决不允许夹杂任何“土特产”“走过场”和“旧瓶装新酒”。

深知上海石化进行规范化股份制改制的示范价值和样板意义，我从国家批准试点之日起便进驻企业进行跟踪调研，结果大大出乎我的意料。首先是改革的艰难程度大大出乎我的想象，我发现，股份制改制和境外上市是一项艰巨、复杂、陌生、浩繁的系统工程，它涉及法律、会计制度、产权界定、资产评估、业绩审计、企业重组、发行上市等一系列特定的专业内容，而实施这每一项“专业内容”，都需要“伤筋动骨”，甚至“脱胎换骨”。同时，改革在企业引起的震荡也大大出乎我的意料。在上海石化 20 年的建厂历史上，从来没有这么多的金山人像这次进行股份制改制那样，经受如此深刻的思想冲撞。远离上海市区的 11 万人口海滨小城那一份背靠大树好乘凉的宁静，一下子被打破了。当许多金山人还来不及庆贺企业走上改革新路时，已经开始埋怨，“盼星星盼月亮盼来的股份制改革，革到自己头上了！”

记得，股份制改制前期基础工作的艰难程度，就让上海石化的当家人始料不及。当年中国尚未颁布《公司法》，会计制度与国际会计准则相距甚远。为了真实披露上市公司的会计信息，必须进行全厂性的清产核资、资产评定估算、业绩审计、盈利预测和验证确认等股份制改制的基础工作。按照国际惯例，总厂遵循“公开透明”的原则，经过多次招标，反复权衡，请来了国际权威的会计师事务所和资产评估机构，在这些机构派出的境内外持证会计师、律师、评估师等各类专业人士总计200多人的领导、监管下，对企业所拥有的各类资产，包括60多亿元固定资产、流动资产、长期投资和无形资产，进行全面的清理、清查登记和核实。

金山人从来没有经历过这样的场面：这200多位境内外专业人士驻在厂里100多天，几乎把企业的“家底”来了个兜底翻。企业除了技术秘密，从1990年至1992年，三年里的经营状况全部暴露无遗，无密可“保”。与此相比，以往的一切“大检查”都显得“黯然失色”，金山人形容此时有一种“被剥去衣服”的感觉。

一位境外会计师在炼化部查账，晚上9点钟爬到贮罐顶上去查看贮量记录，然后和值班人员的记录进行对照。钢材也不是一堆一堆估数，而是逐一用磅秤称重量。几乎每位会计师都想出了种种抽查、跟踪追查和突击对账的办法，在100多天里，他们抽阅的账目足足装满两个20平方米的房间。而为了转换会计报表，与国际会计制度接轨，总厂还把百余名财经大学毕业生和基层年轻的财会人员组织起来，让他们“一对一”拜驻厂境内外专业会计师为师，一起对账，边学边干，通宵达旦整整忙活了4个月。

境外这些专业人员这样做，是因为对自己核查后出具的业绩审计和盈利预测等证明负有严肃的法律责任。金山严密的基础管理经得起检查，令境外人士心服口服。然而，金山职工在感情上却不舒服，对处处受人监督有失落感，觉得是“出了钱找麻烦”，“自搬石头自砸脚”。

1993年1月，境内外的股票主承销商和法律顾问、评估师相继进厂，他们也带来了严格按上市规则、上市要求办事的严谨作风。境外股票主承销商美林证券公司和法律顾问在掌握了大量的资料后，向总厂厂长王基铭直接提出138个问题，要求对每个问题都有明确的答复、批文、合同或有效证明。这138个问题便是138道特殊的考题，其中头号考题“企业重组”，就在金山引起不大不小的“地震”！

上海石化总厂是一家集生产、生活服务、社区管理为一体的联合企业，承担着整个石化地区11万人口的政府性、社会性职能，是“企业办社会”的典型。随着企业和社区规模不断扩大，属于政府和社会职能的开支每年递增20%左右。当年企业常以“除了飞机场和火葬场样样具备”而引以为豪，但这一昔日的自豪，而今变成了“改革的对象”；吸引69%职工安居“金山”的“大福利”，变成了沉重的“包袱”。按照国际惯例和股份制改制及境外上市的要求，必须进行企业重组，将总厂一分为二，把“直接生产经营性资产”和“非直接生产经营性资产”两块严格分离。很显然，社区管理的一大块和从事建设、施工、设计、生活服务等“非直接生产经营”的一大块要统统从主体剥离出去，组建为国有企业性质的金山实业公司；然后将分立改组后直接生产经营性资产的总厂主体，改造为上海石化股份有限公司。

这一改革非同小可！这两大块的“剥离”就像血淋淋的“外科手术”，两刀“砍”下去，“本是同根生”的兄弟分流到不同所有制的企业里；许多人“痛”得嗷嗷直叫，哭的、闹的不在少数。但这“刀”必须砍下去，因为只有改变11万金山人的生计都维系在56套生产装置上吃“大锅饭”的局面，才能实现较高的资本利润率，使国家和社会公众股东取得较高的投资回报。

实际上，这138道考题中每一“答”，都需要领导拿出“刀刀见血”，“不怕得罪人”的勇气。比如，向长期作为金山大优势的“大福利”开刀：终止福利分房，要住在金山的石化职工自己买房住；终止福利付费，要石化职工支付与上海市区接轨而高出以往许多倍的水电煤费等等，都在金山上下引来一片牢骚满腹、责怪埋怨。虽然平时，职工也在埋怨“平均主义、大锅饭”，但真正要把“大锅饭”端掉，让大家“分灶做饭”，还是牵肠挂肚舍不得，有一种“剪不断理还乱”的痛苦，叹息股份制改制让“背靠大树好乘凉”的“安全感”没了！

所有这一切思想观念的冲撞、习惯势力的阻挡和金山人自身的“水土不服”，总厂和金山地区脚踏实地启动了以“自我革新，自我超越”为目标的“换脑筋工程”。

可喜的是，金山职工的观念有了重大转变，不再把股份制等同于募股集资，开始有更大的视野和担当：规范化股份制企业必须对自己的一切经营行为、经营后果负责！如果还抱着计划经济下的“大福利”不放，就不配做堂堂正正国际上市公司的员工！股份制改制由此成为上海石化革除平均主义、大锅饭等一系列配套改革相继出台的契机。

这次调研使我的心灵受到极大的震撼。在最初我对金山人的某些不爽“感同身受”时，我意识到自己对国企改革的知识和经验落伍了，不够用了。我像王基铭厂长一班人一样如饥似渴地在这场改革的大课堂学习，不断用新知识充填和提升自己。同时，我意识到，必须在这项改革进行过程之中而不是大功告成之时，就向时刻关注着特大型企业规范化股份制改制试点的党中央、国务院领导报告；把纯国有企业改造成国际上市公司，企业必须经历脱胎换骨的艰难过程。

1993年3月15日，我的一组三篇内部调研报告，翔实反映了上海石化总厂在股份制改制中着力转换企业经营机制的艰难历程，初步成果和值得借鉴的经验体会。这组调研报告受到国家体改委等领导部门的高度重视，转发给全国大型股份制规范化改制试点企业参考。时任国务院副总理的朱镕基批示说：“上海石化进行股份制改制，把企业翻了个个儿，吃了不少苦头。这是真正的股份制改制。股票上市容易，股份制改制不容易。”

随后改写成的公开报道《金山，“翻了个个儿”——上海石化规范化股份制改制纪实》，加“新华社编者按”，用通稿形式向全国报纸、电台、电视台供稿，得到热烈反响。这份调研报告对于只想从股票上市中“圈钱”谋得好处，而不想规规矩矩进行改制的企业，是一帖最及时的“清醒剂”。

中央领导的批示和舆论界的支持，对于在改制中倍感艰辛的金山人是褒奖和有力的鞭策。经过不懈的努力，1993 年 6 月 29 日，国家股占 56%、国际资本和社会公众占股 44% 的上海石化股份有限公司正式宣告成立。艰苦卓绝的规范化改制，终究取得了世界的认可，7 月 6 日，上海石化在香港及全球成功地发行了 16.8 亿 H 股，并于 7 月 26 日在香港联交所挂牌上市，同时以三级 ADR（托管凭证）方式直接在美国纽约交易所挂牌上市，成为中国首家同时在上海、香港、纽约上市的中国企业，这是历史性突破！上海石化成为当时中国第一家走出国际、走向世界、跨入国际性上市公司行列的企业！

为破解“钱从哪里来，人到哪里去”难题提供上海模式

在我采写的国企改革报道中，社会影响最大的，是 1996 年 8 月 21 日的一组两篇反映上海创建“再就业服务中心”受托管理下岗职工的调研报告。它们不仅受到党中央、国务院主要领导的高度重视，认为上海这一创举是对全国国企改革的重要贡献；转发公开报道后，“再就业服务中心”被国家劳动部和联合国劳工组织誉为“国企改革的经典之作”并作为“上海模式”在全国大规模推广，还在相关国际会议上进行介绍，广泛受到好评。

1991 年 9 月，在党中央专门研究如何加快搞活搞好国有大中型企业问题的工作会议上，上海市向党中央请缨，要求在上海进行搞好国有大中型企业的综合试点，并向党中央立下“军令状”：在保证上交国家财政金额一分不少的前提下，由地方统筹安排，进行“率先改革、自费改革、自主改革”。这一请求很快获得党中央的批准。

要搞活搞好国有企业，“钱从哪里来”“人到哪里去”是两大绕不过去、必须破解的难题。当时，上海的地方财政正陷入“赤字”窘境，20 世纪 80 年代的后 5 年，上海预算内工业企业的利润从 80 多亿元下降到 30 多亿元，经济效益出现大面积“塌方”，既缺乏“率先改革”的宽松环境，也缺乏“自费改革”的物质条件。然而，上海决策层决心牢牢抓住党中央打出开发浦东、“把上海搞上去是一条捷径”这张“王牌”的历史机遇，在忧患中自强，从危机中奋起。那种“宁可选择风险，绝不错失良机”，一定要为推进全国的国企改革“杀出一条新路”的坚韧不拔和改革热力，让我们分社记者受到极大的激励。我们的报道没有停留在“钱从哪里来”的具体操作层面，而是始终着力于反映上海如何把解放思想、转换观念作为转换机制的“头道工序”，破除自我禁锢、自己

卡自己的条条框框，从而在全国率先建立了“自借自用自还”的投融资创新机制：有序利用土地批租，灵活运用 BOT 方式（外资投资特许经营权项目），勇于吸纳资本市场资金；同时在全国率先建立国有资产管理创新机制，提出了“立足于整体搞活国有企业”的改革思路，发挥国有资产可以合理流动、优化重组的优势，大规模推动国有资产存量跨行业地从低回报向高回报领域转移，市区大规模“退二进三”，将置换的房产得益作为国家资本金注入国企帮助其“金蝉脱壳”“化茧为蝶”。

与解决“钱从哪里来”的难题相比，把国有企业长期积累的冗员减下来，而且不在企业滞留，要帮助他们在市场上实现再就业，这是国企改革中更为棘手、更加复杂、敏感的一个难题，是上海推进改革中面临的两难选择：如果不痛下决心分流冗员，让国有企业轻装上阵，上海将痛失良机；但如果对人员分流问题处理不当引发社会震荡，改革和发展都无从谈起。唯有创新思路探索建立“两全其美”的新机制，才能破解两难矛盾。

1994 年下半年，时任上海市市长的黄菊率团去德国考察，有一个叫“托管局”的机构引起了他的注意。这是东德西德合并后出现的临时机构，主要托管原东德的失业工人，既提供基本生活保障，又进行就业培训，最后帮助他们就业。1995 年伊始，已升任上海市委书记的黄菊对国有企业改革难题进行调查时提出，德国“托管局”的思路可以借鉴，但上海与德国的情况有很大的不同，上海的社会保障体系不完善，社会就业机制很不健全，加上冗员数量大、技能单一，对市场就业的心理承受力差，靠政府“托管”是背不动的，必须“多管齐下”，形成社会合力，为下岗职工离开企业到社会再就业建立“安全通道”。我随上海主要领导和相关部门领导，对于破解这一难题开展了长达一年多时间的专题调研。

通过调查研究和精心设计，一个创新模式逐步清晰：由政府支持、社会资助、集团公司出面，构建一个化解两难矛盾的社会中介组织“再就业服务中心”。它受托管理本集团公司下属国有企业富余人员，使他们不再滞留在企业，让企业得以转换经营机制；同时，又没有把企业富余人员向社会一推了之，让他们在“中心”有一二年的缓冲时间，从而在技能和心理上做好走向市场的准备。对于这个创新的机构，在调查座谈时人们就给予许多比喻，有的把它比作一座“桥”——这头连着企业，那头连着社会，职工从这头走向那头，就完成了重新就业；又有人把它比作“轮渡”，让不肯轻易与企业“断奶”的国有企业职工安稳地“摆渡”到劳动力市场，接受市场的选择。这个创新模式既符合社会主义市场经济的要求，使企业生生死死、职工上岗下岗逐步成为一种常规，并最终走向市场化就业；又具有中国的社会主义特色，使整个过程充满温馨，成为一项“民心工程”。

上海决定，这个模式率先在昔日功勋卓著而今沉疴在身的纺织和仪电两个传统产业构建。最终形成政府、企业、社会共同出资的稳妥办法，各方承担三分之一，使进入“中心”的分流职工不仅能接受技能培训，还能按时足额领到基本生活费，而且医疗、养老保险和转岗培训经费也得到保障。

“出口通畅”，是“再就业服务中心”顺利运作的关键。上海市政府形成了“动员全社会力量，广开再就业渠道”的总体思路。长期担当“摇钱树”角色的纺织业首当其冲，必须在产业升级调整中把250万棉纺锭压缩到75万锭，把55万职工压缩至16.5万人，帮助“纺嫂”再就业一时成为上海的“爱心工程”。1995年“空嫂”一词横空出世，上海航空公司到纺织系统招收了18名空中乘务员。大张旗鼓宣传下岗女工飞上蓝天，向社会展示，下岗职工中有的是人才；也让下岗职工“抬起头来”体面再就业。紧接着，巴士公交、寻呼台、地铁、超市相继到纺织系统招工，“巴嫂”“呼嫂”“地嫂”“商嫂”应运而生，下岗职工从二产向三产转移显示出极大的空间。市领导仍不满足，又通过下基层调研，在社区服务、环境服务、家政服务领域发现巨大的潜在的劳动力需求，认为可以把职工再就业与加强社区建设结合起来“一举两得”。当时有人说，这太“小儿科”了，黄菊却笑称：“小儿科是医院的重要科室。”他先后看望了上海电子管三厂的伊人编结社、杨浦区总工会家政服务队，鼓励他们开拓新的就业门路，并定义这种社会化服务为“非正规就业”，还总结出台了相关的扶持政策。到2000年，上海“非正规就业”人员已超过10万。上海创造的“非正规就业”模式和上海出台的鼓励政策与上海首创的“再就业服务中心”相配套，同样得到国家劳动部认可，并推广到全国。

1996年7月25日，纺织、仪电两家“再就业服务中心”挂牌在即，当时两个“中心”已经吸纳近万名下岗职工并着手对他们进行再就业技能培训。“再就业服务中心”是促进国企机制转换、产业结构调整、保障社会稳定的“助推器”和“减震器”。1995年，因为人员无法安置，仪电行业早就资不抵债的企业没有一家实施破产，纺织行业有几家企业进入破产程序也难以终结。“再就业服务中心”启动仅半年，仪电和纺织分别有3家和15家企业顺利破产终结，产业升级的步伐明显加快。“再就业服务中心”又是培训人才的加油站。进入“再就业服务中心”的下岗职工都有追求重新就业的动力和压力，纷纷接受计算机、财会、烹饪、裁剪等技能培训和考核，有些受“托”人员仅3个月便找到再就业岗位。当下岗职工平稳地大规模离开企业进入“再就业服务中心”再摆渡到市场，新旧体制就开始启动深刻的转轨：企业从“办社会”转向“社会化”；职工从“单位人”转向“社会人”；职工原有的医药费报销等基本保障也逐步从企业转移出来，转变为社会化保障，进而逐步构建起完整的社会保障体系。

考虑到上海这项创新关乎国企改革全局的重要分量，总社刊发了我采写的一组两篇内容翔实的调研报告。两稿引起党中央、国务院领导高度重视，时任中共中央总书记的江泽民和国务院副总理吴邦国对上海的探索给予充分肯定，并要求在纺织、仪电试点的基础上扩大试点，形成完整的经验，以便向全国推开。

此后的实践，证明了上海决策层关于突出的社会矛盾往往具有“阶段性”的预见。至 2000 年 2 月，上海最后一批成建制下岗职工从国企分流完毕，“再就业服务中心”随之结束了作为“桥梁”的历史使命。它们与业已培育成熟的劳动力市场相配套，转换成职业介绍和技能培训中心，开始履行新的社会服务职能。而此时，凝聚着上海人的创新智慧，受到国际劳工组织崇高评价的“上海模式”，已经在上海支撑百余万产业工人平稳有序地离开国企走向市场重新就业，完成了超过一个中等城市人口规模的就业岗位大迁徙。

（原载《新华每日电讯》2018 年 10 月 12 日）

上海打造高水平开放新标杆

新华社　姚玉洁　有之炘　吴振东

上海原油期货正式运营三个月已成为亚洲最大和全球第三原油期货合约；美国特斯拉公司宣布将在上海开设美国之外首个工厂；全球最大的保险集团法国安盛参股设立的工银安盛人寿保险公司，在上海发起筹建资产管理公司获批复同意……

2018 年 7 月，上海发布《贯彻落实国家进一步扩大开放重大举措加快建立开放型经济新体制行动方案》。自发布一个月以来，100 条举措中落地实施的已达 74 条。开放，不仅是上海这个城市的选择，也宣示着中国全面深化改革、拥抱世界的胸怀和决心。

金融开放按下“快进键”

央行宣布扩大金融业对外开放以来，上海形成了六个方面 32 条具体措施，一系列开放项目迅速落地。

韦莱、怡和两家保险经纪有限公司，成为首批放开外资保险经纪公司经营范围的受益者；我国台湾国泰世华银行在沪分行转子行获批筹建，是在沪首家分行转子行的台资法人银行；瑞士联合私人银行和德国太平洋资产管理分别获准参与合格境内有限合伙人试点（QDLP），是上海 QDLP 试点外汇额度拓展以后第一批获准试点机构。

渣打银行 2018 年人民币机构投资者调查显示，投资者考虑的不再是“要不要”进入中国在岸市场，而是“什么时候”进行相关投资。

“引进来”和“走出去”相结合，引资和聚智并举，上海进一步打造金融服务“一带一路”建设桥头堡。2018 年以来，菲律宾、阿联酋、新加坡等“一带一路”沿线国家和地区在我国银行间债券市场发行共计 44.6 亿元人民币债券，占同期银行间债券市场“熊猫债”发行量 11.8%。截至 6 月末，“一带一路”沿线主权机构、国际组织、企业等在上海证券交易所发行“一带一路”债券 127.5 亿元、“一带一路”资产支持专项计划 84.5 亿元。

继“沪港通”每日额度扩大四倍之后，相关部门正按照“年内开通”的时间表加速推进“沪伦通”准备工作。“这些行动表明上海走在市场开放的最前沿。”伦敦金融城政策与资源委员会主席孟珂琳在给上海市政府的邮件中说。

开放能级不断提升

就在“上海扩大开放100条”发布当天，规划年产50万辆纯电动整车的特斯拉首个海外工厂落户上海临港地区，成为全国2018年版负面清单放开外资新能源车制造股比限制后第一个落地的外商独资新能源汽车项目，也是上海有史以来最大的外资制造业项目。

全球各大汽车厂商正加大科技创新和投资力度，以争夺中国这个全球最重要的汽车消费市场。上汽大众以大众集团最新MEB电动车平台为基础，在上海安亭基地建设全新MEB纯电动车工厂；宝马中国等获得了智能网联道路测试牌照，美国硅谷小马智行科技公司等国内外自动驾驶企业也将相继落户上海……

上海的对外开放，正进入高端制造、航运通信等纵深领域。中俄远程宽体客机CR929项目稳步推进，整体外形和尺寸方案确定；国际邮轮制造商芬坎蒂尼与宝山区携手发展邮轮配套产业、打造邮轮配套产业园；39家外商投资企业获准从事在线数据交易与处理等增值电信业务；全国第一家外商独资游艇设计公司、外商独资医院等一批首创性项目纷纷涌现。

2018年11月，标志着中国新一轮高水平对外开放的首届中国国际进口博览会将在上海举行。截至目前，进口博览会已签约的世界500强和龙头企业超过200家，累计有138个国家和地区的企业签约，展位“一位难求”。

一流营商环境助力高水平开放

“贸易投资最便利、行政效率最高、政府服务最规范、法治体系最完善”，开放程度越高的城市，对“软件”要求越高。打造一流营商环境，上海以高水平开放促进高质量发展。

近年来，上海加大知识产权保护力度，首批设立国家级知识产权保护中心，提供快速审查、快速确权、快速维权服务。加强司法保护为主导行政保护协同的知识产权保护机制，推进知识产权民事、行政、刑事“三合一”审判改革。上海还探索拓宽商标马德里国际注册窗口功能，争取将受理范围向长三角地区辐射，企业提交一份申请，缴纳一组费用，便可在多达117个国家和地区申请保护，节省90%费用。

更多改革红利还在释放：“一网通办”等政务服务改革将获得电力、开办企业、办理施工许可、登记财产、跨境贸易、纳税等6个指标的企业办事时间缩短一半以上，手续环节减少近40%；通关便利化改革使医疗器械样品通关时间缩短至4天左右……

投资是最有说法力的“投票”。2018年上半年，上海新增合同外资215亿美元，增长18%；新增跨国公司地区总部17家，累计达642家。越来越多的地区总部成为集管理决策、采购销售、研发、资金运作、共享服务等多种职能于一体的“综合性总部”。2018 年 1—5 月，上海外资企业营业收入增长 10.3%，纳税总额增长 13.1%，利润总额增长 17.6%。

（原载《新华每日电讯》2018 年 8 月 7 日）

上海：点亮民营经济高质量发展的“创新路径”

新华社　姜　微　周　琳

腾讯、阿里巴巴等互联网企业相继签约，小米、商汤等创新公司纷纷落“沪”，英语流利说等土生土长的上海企业赴美上市。2018年以来，人们发现上海变得更新潮、更快速、更有生机。

行业类型从智能网联汽车到人工智能，“一网通办”像网购一样方便，创新创业的热情日益高涨……在国企、外资巨头众多的上海，民营经济生机勃勃，正在发出更响亮的声音。

上海，正在用“店小二”式的贴心服务，优化营商环境，让民营经济在这里走向更加广阔的舞台，实现更高质量发展。记者了解到，上海已制定并即将出台扶持民营经济发展的规范性文件，通过体制机制的设置，为民营经济的繁荣进一步保驾护航。

2018年年初以来的“大调研”，各委办局着重收集民营企业的痛点、呼声，倾听“小细节”，及时解决落地，“店小二”的温度正在加热这座城市的创新活力。

一周前，上海刚刚举行了民营企业负责人座谈会，上海市委市政府明确用三个词来表达对民企发展的态度：千方百计、鼓劲加油、排忧解难。

“工作加班没时间，半夜能来办理材料吗？”能！就在这两天，上海徐汇行政服务中心升级至2.0版，自助服务大厅24小时开放。

“手上有药品，但公司无厂房，能不能销售药品？”能！药品研发企业安必生日前拿到了药品研发企业上市许可人营业执照。这个制度创新，让预防治疗儿童和成人哮喘，用上了“国产药”。

拥抱新经济，产业布局面向全球、面向未来的上海，也为创新型的民营经济提供更多机遇，在数字化、信息化、智能化的转型中担纲更多作为。

随着云计算、人工智能、大数据、网络安全等战略性新兴产业大热，一批走在创新前沿的企业逐渐汇集在黄浦江畔，做起了“邻居”。

土生土长的上海人谈剑峰已创业十余年，其创建的众人科技一直坚持在网络安全领域做自主研发。他认为，在上海，同样可以走出一条新路，“核心技术＋商业模式＋人口红利＋社会效益”，以务实心态走稳创新每一步。

近几年，“社交电商”“共享经济”等不少创新的商业模式，已陆续在上海扎根起飞。积极发展代表未来方向的新兴产业，为创新创业提供更大舞台和机会，日益开放包容的上海，让更多创新民营企业点亮经济的底色。

上海应开放而生，因开放而兴。这种独特的开放优势，让走在创新前沿的民营企业，能更快速地走向国际赛场，与最高水平同台竞技，与最新技术交流融合。

“学术上我们同麻省理工学院一起创建国际人工智能学术联盟。产业上我们同日本本田汽车、新加坡智慧城市、马来西亚智慧交通深度战略合作，首次实现中国高科技软件产品规模化出口。”商汤科技创始人汤晓鸥说，将一如既往勇闯人工智能科技前沿的“无人区”，坚持打造以原创为核心的人工智能民族品牌，助力“一带一路”建设。

民营经济是我国经济制度的内在要素，也一直是上海高质量发展的参与者。

上海市政府表示，下一步，上海将坚定不移构建“亲”“清”新型政商关系，坚定不移构建平等市场主体地位，持续用力推进减税降费，持续用力优化营商环境，帮助民营企业解决实际困难，支持民营企业创新升级、发展壮大。

（原载新华网 2018 年 11 月 3 日）

探索高质量发展，上海全力打响“四大品牌”

新华社　何欣荣　周　琳

上海近日召开推进大会，提出全力打响“上海服务”“上海制造”“上海购物”“上海文化”四大品牌，助力高质量发展。

新内涵：参与全球合作竞争

加快建设国际经济、金融、贸易、航运中心和全球科技创新中心，奋力迈向卓越的全球城市和社会主义国际化大都市，是上海在新时代肩负的重任。

打响“四大品牌”是以习近平新时代中国特色社会主义思想为指导，上海落实国家战略、着眼未来发展作出的重大部署。上海市委书记李强说，上海要更好体现国家形象、代表国家水平，参与全球合作竞争。

所谓“打”，就是要有措施、有行动；“响”，就是要在国内外叫得响、听得到；“品”，就是要质量高、品质好；“牌”，就是要有竞争力、影响力。选择服务、制造、购物、文化四大领域开展布局，既立足当下，又意蕴深远。

打响“上海服务”品牌，关键是提高“辐射度”。金融服务，要融通全球；贸易服务，要买卖全球；航运服务，要覆盖全球；科研、创新服务，要影响全球……立足长三角、服务中国、辐射全球，是“上海服务”应有的新作为。

打响“上海制造”品牌，关键是彰显“美誉度”。体量世界第一的中国制造，要解决核心技术“有没有”、高端产品“好不好”两大问题。

打响“上海购物”品牌，关键是增强“体验度”。在网络购物快速渗透的今天，上海作为新零售的主战场，强调的不是简单的“买买买”，而是在体验度上下功夫，加快建设国际消费城市和“购物天堂”。

打响“上海文化”品牌，关键是展现“标识度”。纽约的版权、伦敦的创意、巴黎的时装……上海市委宣传部副部长胡劲军说，上海要成为文化交流的“码头”和文化原创的“源头”。

新行动：创新是“底色”，“环境”是根本

一分部署，九分落实。

上海已制定打响“四大品牌”的总体意见和四大行动计划，首批拟推出43个专项行动。既有久久为功的准备，又有只争朝夕的决心。

——吃改革饭、走开放路、打创新牌。作为改革开放排头兵、创新发展先行者，上海在任何时候、做任何工作，都不会忘记自己的“法宝”。

创新是打响“四大品牌”的第一动力。上海市市长应勇说，在集成电路、生物医药、航空航天等领域，上海计划突破一批“卡脖子”的关键技术。同时，发展一批引领性的新业态、新模式，打造一批功能性的新载体。

开放是上海的最大优势。上海市金融办主任郑杨说，上海正和监管部门积极沟通，争取金融开放先行先试。上海市商务委主任尚玉英说，上海将放大中国国际进口博览会的效应，瞄准全球优质商品和服务，建一批国际消费品展示交易平台。

——靠市场主体、重营商环境、抓人才集聚。城市品牌绝不是简单的形象展示，其背后是一家家实干的企业、一个个鲜活的人才。

在打响“四大品牌”的过程中，市场主体是真正的体现者。上海市经信委主任陈鸣波说，无论引进国际组织、跨国企业，还是培育本土世界500强、新经济“独角兽”，都要根植于优良的营商环境。

上海市政府副秘书长、发改委主任马春雷说，上海将通过推广浦东的“证照分离”试点、开展“一网通办”政务服务等措施，甘当服务市场主体和市民的“店小二”，让营商环境没有最好，只有更好。

新图景：面向国际、面向未来

以打响“四大品牌”为驱动力，瞄准高质量发展、高品质生活的目标，上海的未来图景隐约可见：

这里的服务既有辐射度又有国际范儿。饿了，可以尝一尝72小时到达的新西兰鲜奶，或到星巴克烘焙工坊品一杯醇厚的咖啡，同时欣赏开放式的咖啡生产线。想知道这些“四不像”的企业如何落地，可以让智慧政府做“指尖客服”，上一个网、填一张表、报一次数据，就能搞定。

这里的制造是高品质的代名词。乘C919国产大飞机到上海，可以到嘉定“尝鲜”上汽和蔚来的自动驾驶汽车；徜徉在奉贤的东方美谷，游客可以根据肤质检测及个人偏好，选择专属于自己的化妆品；浦东临港的“黑灯工厂”里，工业机器人正在进行智能制造。

这里的购物很新潮，性价比高。在机场免税店，体验令人惊喜的“上海打折季”。到中国国际进口博览会“6天+365天”的展示交易平台上，进口商品让你挑花眼。上海提出，要推动更多国内外知名品牌在沪首发全球新品，引导境外消费回流。

这里的文化极具时代魅力。累了，可以到浦东滨江粮食码头改成的艺术馆里，欣赏高级定制时装发布，在中共一大会址纪念馆听清脆的“上课铃”……

既各自精彩，又是一个有机整体。上海提出，“四大品牌”必须坚持统筹谋划、政策协同、系统推进，充分调动全社会的积极性。

品牌，是一种无形资产，更是一种追求卓越的思维意识。以“四大品牌”为抓手，不断增强城市的吸引力、创造力、竞争力，上海扬帆再远航。

（原载《新华每日电讯》2018年5月8日）

打响上海“金字招牌”

新华社　贾远琨　周　琳

品牌是一座城市最具识别度的标识，是城市综合实力和城市竞争力的集中体现。在瞬息万变的国际环境、百舸争流的竞争态势下，十年、二十年后的上海是什么样，要以怎样的姿态参与全球竞争？上海要突围，更要超越。

改革开放40年来，上海在大部分领域已经跨过了“有没有”的阶段，亟待回答“好不好”的问题。上海将打造卓越的全球城市定为2035年的发展目标，“卓越”二字体现的是对标国际最高标准、国际最好水平。

上海打响“上海服务”“上海制造”“上海购物”“上海文化”四大品牌，就是在发展以高质量为要、治理以高品质为先的新要求下，探索的上海路径。“打响‘四大品牌’是上海以习近平新时代中国特色社会主义思想为指导，落实国家战略、着眼未来发展做出的重大部署。”中共中央政治局委员、上海市委书记李强说，上海要更好体现国家形象、代表国家水平，参与全球合作竞争。

打响“四大品牌”谋突围

因一部电影、一次盛典、一场论坛而赴一座城市之约，充满了浪漫色彩，也擦亮了“上海文化”的金质名片。2018年6月，第21届上海国际电影节在上海举行，约500部国内外影片如约而至，以光和影筑就全民盛宴。

如何让全球消费者在上海想逛想看想shopping？如何在上海买到最新最潮最划算的商品？“上海购物”有了新变化。在上海打造全球新品首发地启动仪式上，共有43个国内外知名品牌的新品展出，包括汽车、智能产品、服装服饰和化妆品等。商贸企业、专业机构与设计品牌寻求新的合作空间。

人类上天入海已不是梦想，这要归功于科技创新与智能制造。近期，“上海制造”纪录不断被刷新。长征四号丙运载火箭成功发射高分五号卫星；全球最大的超大型集装箱货轮中远海运“宇宙轮”在上海交付；中俄远程宽体客机CR929整体外形和尺寸方案确定……国之重器硕果累累。

无论举办文化盛会、打造购物天堂，还是推出高端装备，一个充满活力与魅力的城市一定有着规范化、现代化的城市治理能力，细微之处体现城市的服务水平。

以绣花般精细的城市治理为特点的上海，城市服务能级进一步提升。新一轮“证照分离”改革试点；社会投资项目审批时间缩短一半；上海政务“一网通办”……面向市场，政府有求必应、无事不扰，甘当服务企业的“店小二”，营商环境不断优化。

今年一开年，上海在经济、文化、商贸、政务服务等各方面的工作热火朝天、充满朝气，各项工作亮点突出又紧密联系，其背后有一个共同的工作安排，这就是上海打响“上海服务”“上海制造”“上海购物”“上海文化”四大品牌。

从2017年12月初成构想，到形成行动框架，短短四个多月时间里，“四大品牌”逐渐形成共识。经过反复酝酿后，上海市委、市政府正式下发了《关于全力打响上海“四大品牌”率先推动高质量发展的若干意见》，并形成三年行动计划。

全力打响“四大品牌”的征程已经开启，工作着力点也进一步明确。“上海服务”重在提高辐射度；“上海制造”重在彰显美誉度；“上海购物”重在增强体验度；“上海文化”重在展示标识度。把握好这四个“度”，品牌才能真正“打响”。

——“上海服务”辐射力，提升能级，配置资源。

“上海服务”里的“服务”，重点指向的是辐射全国乃至全球的服务功能。目标是要具有更加强大的服务能级，能在全国乃至全球范围配置资源，有能力为全国服务、为更大范围的企业和人群服务。

——“上海制造”攀高峰，人无我有，人有我优。

国产大型客机C919填补我国大型民机研制空白、上海振华重工港口机械产品遍布全球港口……无论产品还是企业，都是一张张闪亮的名片。既聚焦“有没有”，还要聚焦“优不优”。“上海不是每个环节都要有，而是要把对整个产业具有控制力的核心环节掌握在手中”。上海市经济和信息化委员会副主任吴金城说，“上海制造”就是要紧盯价值链高端，特别关注重大核心关键技术和重大颠覆性技术，建设新兴产业发展的策源地。

——“上海购物”重体验，立体多元，各供所需。

购物天堂从线下转移到线上，网上都能买得到，为什么要到上海来？“上海购物”凭借什么吸引消费者？消费品选择追求个性化、消费过程追求体验度、购买商品追求性价比，“上海购物”将购物作为一个体验过程来打造，让消费者能够买到最新最潮的东西，享受最划算最实惠的价格，也有最舒适最愉悦的体验。

——“上海文化”新魅力，不忘本来、吸收未来、面向未来。

红色文化、江南文化、海派文化集聚上海，形成上海融合开放的文化生态。相比于纽约的版权、伦敦的创意、巴黎的时装、东京的动漫，形成独特的“上海文化”，更需突出“时代魅力”，通过制度环境的营造，激活上海“文化码头”的集聚和辐射作用，激发上海“文化源头”的创新创造能力。

“四大品牌”之间，并不是并列关系，而是以“上海服务”为核心的“1+3”格局，互相渗透，相辅相成的有机整体。上海各方积极行动起来，围绕“四大品牌”建设紧锣密鼓地开展工作。

定位国际版图的上海坐标

在位于黄浦江畔的上海国际港务集团大楼眺望出去，游船、游艇与两岸林立的高楼相映生辉，原本是货运码头的浦江两岸如今已成为跨国企业的总部基地、文创企业的创意空间和百姓的休憩场所。

“20多年前，我出国考察国外的港口，就在想我有生之年能不能看到上海港也能建设成为这么现代化的港口。如今，上海港已经连续8年成为全球第一大港，洋山四期自动化码头成为全球最大的自动化码头。”上海国际港务集团董事长陈戌源说。

从黄浦江到外高桥再到洋山港，一条江见证了一座城市的变迁。回望上海来时路，与伴随黄浦江蜿蜒向海的航运事业一样，上海正是在改革开放中融入并参与了世界分工和全球竞争合作。

制造高地、科创矩阵、时尚地标、文化宝库……这样的上海从来不缺少品牌。交通网络连接全球，高端制造行销国际，科创人才加快集聚，文化创意亮点频出，上海本身就是一个响当当的品牌。为何当下提出打响“四大品牌”？

当前，国际市场风云变幻、百舸争流，全球金融、航运、经济、贸易、科创中心的角力日趋激烈。改革开放40年，让上海站在了较高的起点上，但面对激烈的国际竞争和国家赋予上海的责任，上海面临再一次的突围与超越。

近年来，上海金融开放加快推进，当前服务高质量发展和新一轮对外开放战略是上海金融的重要使命；跨国公司地区总部达600多家，但资源集聚和配置的能力有限；国际航运综合服务能力不断提升，但市场格局不断盘整，抢抓机遇时不我待；上海制造业不断瞄准国际最高，但智能化、定制化等方面尚待突破；全球科创中心的人才大战愈演愈烈，核心关键技术“卡脖子”的问题亟待破解。

高起点上再出发，上海需要不断谋求自我更新、自我超越。新时代，上海继续当好全国改革开放排头兵、创新发展先行者，持续推进创新驱动发展、经济转型升级，打响“四大品牌”就是上海对中央给上海城市功能定位和发展要求的具体落实。“四大品牌”不是给常规工作扣顶帽子，而是践行国家战略的重要抓手，要实现从“有没有”到“好不好”、从“高”到“更高”再到“卓越”的跨越，让上海的优势更优、特色更特、强项更强。

比如，“上海服务”体现城市的核心功能，在服务长三角、服务全国的过程中，也在与兄弟省市“找差距”，补短板。营商环境改善、工作生活便利、城市管理规范，才能吸引更多的国际优秀人才“筑巢”，才能让有识之士、有志之才在上海施展才华。资源集聚、人才汇聚、文化融合，才能让“上海制造”“上海购物”“上海文化”品牌的建设开枝散叶、高潮迭起。

上海市市长应勇表示，上海加快建设“五个中心”和文化大都市等是推动上海经济高质量发展、创造高品质生活的重要举措。服务国家战略、上海城市发展，上海将紧扣打响“四大品牌”的总体目标，以钉钉子的精神抓推进、抓落实，抓出四块上海的“金字招牌”。

“四大品牌”构筑的是上海发展的战略优势，重点是彰显功能优势、增创先发优势、打造品牌优势、厚植人才优势。未来，上海在经济、金融、航运、贸易中心建设中将更加注重优环境、促联动、强功能、补短板，在提高金融市场定价权、提升贸易便利化水平、增强航运枢纽港能级等方面着力突破。上海建设具有全球影响力的科创中心，将着力提升配置全球创新资源的能力，推动涌现一批重大原创性的科技成果，并在创新成果产业化上处于领先地位。

吃改革饭　走开放路　打创新牌

做上海的工作，始终需要胸怀全局，又脚踏实地。站高望远但不务于虚功，具体精细却不落于琐碎。“打响品牌”四个字中，“打”就是要有措施、有行动，“响”就是要在国内外叫得响，“品”就是要质量高、品质好，“牌”就是要有竞争力、影响力。

把“一个个目标”变成“响当当牌子”，需要高质量的执行。打响“四大品牌”的实施意见和行动计划出台后，上海各方以“等不起”的紧迫感、“慢不得”的危机感、“坐不住”的责任感，拿出时间表、任务书，久久为功，坚持不懈，推动“四大品牌”积累优势，实现量变到质变的飞跃。

——吃改革饭，优化营商环境。

改革是上海自我超越的不二法宝。国际一流的品牌，要在国际一流的环境中孕育成长，法治化、国际化、便利化的营商环境有利于激发各类市场主体活力，鼓励引导业态创新、模式创新、技术创新、管理创新蓬勃涌现。上海用好深化改革这个关键一招，及时出台针对性强、解渴实用的政策措施，打破束缚新生事物发展的体制机制，让制度供给跟上“四大品牌”的现实需求。

上海市政府副秘书长、发改委主任马春雷说，上海将通过推广浦东的“证照分离”试点、开展“一网通办”政务服务等措施，甘当服务市场主体和市民的“店小二”，把开设企业的门槛和制度性交易成本降下来，让营商环境没有最好，只有更好。

——走开放路，集聚优质资源。

集聚优质资源，开放是上海的最大优势。上海市金融办主任郑杨说，金融服务业开放方面，上海正和监管部门积极沟通，争取先行先试。上海市商务委主任尚玉英说，上海将放大中国国际进口博览会的效应，瞄准全球优质商品和服务，建一批国际消费品展示交易平台。

在全球市场竞争搏杀的主体是企业，要让“四大品牌”具有国际竞争力，需要依靠一大批高水平、高质量的市场主体。打响品牌的过程，是充分发挥市场配置资源决定性作用的过程。上海通过实实在在的举措、贴心到位的服务，张开双臂欢迎具有行业话语权的重量级企业，大力支持掌握关键技术、独具创新创意的成长性企业，关注具有全球服务能力的专业机构，让更多“隐形冠军”参与到“四大品牌”建设中，既能让大象起舞，也吸引蚂蚁雄兵。

——打创新牌，构筑汇智高地。

创新是打响“四大品牌”的第一动力。上海计划在集成电路、生物医药、航空航天等领域，突破一批“卡脖子”的关键技术。在互联网、大数据、人工智能与传统行业的结合方面，发展一批引领性的新业态、新模式。在张江科学城、临港地区和虹桥商务区等区域，打造一批功能性的新载体。

放眼未来，上海明确打造汽车、电子信息两个万亿级世界级产业集群，培育民用航空、生物医药、高端装备和绿色化工四个世界级产业集群。到2020年，争取3家左右制造企业进入世界500强，培育8—10家制造业知名企业，形成200家位列国内外细分市场前三名的“隐形冠军”。

“四大品牌”的能量有多大，取决于有多少高水平的人才去推动实施。上海要成为人才的汇聚之地、成长之地、事业发展之地和价值实现之地，汇聚吸引一批具有全球影响力的高端人才，造就一批在上海立身扬名的杰出人才，让大科学家、大企业家、大艺术家们在上海这片热土上活跃创造。

（原载《瞭望新闻周刊》2018年8月7日）

从“产品”到“品牌”，一字之变意味着什么 探秘首届品博会背后的自主品牌建设

新华社 何欣荣 周 蕊 龚 雯 杨溢仁

大到高铁，小到芯片。2018年5月10日至12日在上海举行的首届中国自主品牌博览会上，来自全国各地各行业的600多家知名品牌企业齐聚一堂，2.5万平方米的展馆内，处处散发着“国货之光”。

品牌，是生产者和消费者共同的追求。从中国产品向中国品牌转变，蕴藏着中国经济转型升级的密码。

助力高质量发展

在北京市的展区，三块指甲盖大小的芯片看起来并不显眼，却不时有人驻足观看。由紫光集团旗下长江存储自主研发的32层三维闪存芯片，2018年量产之后有望推动中国存储芯片产业迈上新台阶。

高精尖的技术是品博会参展企业的展示重点。“以新供给创造新需求，以新需求引领新供给。应该说，发挥品牌引领经济高质量发展的作用，已经显现。”国家发展改革委产业协调司司长年勇说。

——以质量为核心。从1997年的拆车模仿起步，到2017年成为自主品牌销量冠军，来自浙江展区的吉利汽车在质量提升上一步一个脚印，朝着世界汽车前十强的目标稳步迈进。

“所谓‘品’就是品质、质量。‘牌’就是商标、口碑。提升质量是品牌建设的关键因素。”国家市场监管总局质量管理司司长黄国梁说。

瞄准“质量关”，各地纷纷发力。江苏省副省长马秋林表示，江苏始终把质量强省作为一个战略，融合在“十三五”发展规划中。“通过推进质量强省、强市、强县、强业、强企‘五强’体系建设，不断擦亮我们的品牌。”

——以创新为动力。中国中车的“复兴号”标准动车组，中国商飞的国产大飞机，

中船重工的4500米载人潜水器……覆盖海陆空，一批“大国重器”出现在品博会上。

联影医疗是上海近年来新兴的科技品牌，在高端医疗影像设备领域逐步打破外企的垄断。上海市经信委表示，在打响“上海制造”品牌的过程中，将着力突破集成电路、航空发动机等短板与瓶颈，解决关键环节受制于人的隐患。

创新不只发生在沿海发达地区。总部位于贵阳市的货车帮，通过匹配车源和货源，减少车辆空跑，帮助公路运输节省百亿元油费，成为西部“独角兽”企业的代表。

服务高品质生活

云南的花，内蒙古的奶，黑龙江的绿色食品……走进品博会现场，一系列区域特色品牌令人目不暇接。

在吃穿住行各个领域，老百姓的生活越来越讲究品质。人民群众对美好生活的向往，为品牌建设指明了方向。

——“老字号”重焕生机。炎炎夏日吃一块冰砖，是很多人的童年记忆。上海益民食品一厂总经理助理李维涛说，适应“00后”“10后”的“需求”，企业开发了动漫形象系列产品，今年上市两个月销量已近50万支。

“‘老字号’没有天然优势，只有创新才是真正的优势所在。”光明食品集团董事长是明芳说。

——“新消费”精彩纷呈。近年来，随着中国制造品质的提升，消费回流趋势日益明显。中国品牌日前夕发布的一份报告显示，2016年至2017年智能电饭煲的人均消费额增速，中国品牌比国外品牌高8%；智能马桶盖的人均消费额增速，中国品牌比国外品牌高27%。

新消费，不但“新”在产品上，还“新”在消费方式上。苏宁易购在品博会上展示了多种“黑科技”，比如其中的无人车配送，运用三维地图和人工智能分析定位，可以实现恶劣天气以及夜晚的24小时配送。

更好地惠及全球消费者

中国的青蒿素帮助非洲人民抗击疟疾，中国高铁、中国核电、中国基建成为享誉世界的国家名片……一系列成就，印证着首届品博会的主题：“中国品牌，世界共享”。

“中国是全球第二大经济体，很多领域产出规模全球第一。不少企业提供的产品、服务可以与国际一流企业比肩，但在品牌建设上仍有比较明显的短板。”北京大学教授符国群表示，打造有国际影响力的中国品牌，依然任重道远。

——抓住“一带一路”建设的重大机遇。阿里巴巴首席执行官张勇近期和30家中国品牌的负责人一起赴澳大利亚考察。“经过数十年的发展，中国制造、中国创造、中国设计的能力，以及面向消费市场的运营能力已经全球领先。”用数字化平台开拓海外市场，这是中国品牌的重大机遇。

资料显示，2017 年有超过 1 万个中国品牌，共计 12 亿件商品通过主要电商平台的出海计划进入了海外市场。仅在澳大利亚市场，老字号品牌“张小泉”的刀具一年可以卖出上万套。

——对外讲好中国品牌故事。欧洲品牌研究院院长赫比克说，中国企业打造全球品牌，需要在文化上有更多的敏感度。“中国拥有悠久的历史文化，这些可以成为中国品牌在国际传播方面的潜力。”

中国品牌建设促进会理事长刘平均说，中国的不少奶粉产品已达到欧盟质量标准，很多国外热销的马桶盖也是国内企业生产的。要借助中国品牌日的平台，让更多的全球消费者了解中国的优秀品牌。

（原载《新华每日电讯》2018 年 5 月 13 日）

让“上海服务”成为“优质服务”代名词

新华社　何欣荣　仇　逸　谭慧婷

服务经济占比达70%的上海，正在进一步提升“上海服务”的能级和水平。近期出台的“上海服务”三年行动计划提出，上海将实施首批13个专项行动，推动“上海服务”成为“优质服务”的代名词和国内外驰名的金字招牌。

重在辐射　促服务业扩大开放率先落地

打响“上海服务”品牌，重在提高辐射度。“上海作为经济中心城市，要体现服务功能的辐射度，就必须解决‘好不好’‘优不优’的问题。”上海市政府副秘书长、发改委主任马春雷说，上海将先行先试，推动国家扩大服务业开放重大政策在沪率先落地。

金融服务，是上海扩大开放的重点领域。2018年5月初，上海工银安盛人寿保险公司获批筹建资产管理公司，成为中国提出加快保险业开放以来，获批的第一家合资保险资产管理公司。

上海市金融办副主任李军表示，上海市金融办正会同国家在沪金融管理部门，争取在金融机构扩大外资股东持股比例和经营范围等方面率先突破。目前，已有欧洲和亚洲等地的大型金融机构提出了相关试点申请，得到了金融管理部门积极响应。

包括法律、广告、会计审计和咨询在内的专业服务业，是打响“上海服务”品牌13个专项行动之一。上海市发改委副主任阮青表示，上海专业服务业的特点是国际化程度比较高，如全球四大会计师事务所均在上海设有区域性总部。但与领先的全球城市相比，还存在缺乏本土影响力品牌、辐射能力不足等差距。下一步，上海将继续扩大开放，利用市场优势，把全球知名企业吸引过来，同步提升本土企业的服务能级。

以人为本　持续提高服务品质

服务的核心是人，打响“上海服务”品牌，社会评价是第一评价、公众感受是第一感受。

轨道交通，是“上海服务”的一张名片。为了适应大城市的市民出行需求，上海有

6 条轨交线路，每逢周末和节假日延长运营时间到零点，平均延时超过 60 分钟，最长超过 80 分钟，让更多夜归人充分感受城市的温情。

上海交通委副主任张林说，上海国际航运中心建设除了实施一批基础设施硬项目，更要实施一系列旅客体验提升软项目。比如在国际航空枢纽建设方面，上海力争到 2020 年持续提高浦东、虹桥两场的航班放行正常率，进一步完善精品洗手间、母婴室等候机楼服务示范项目。

建设亚洲医学中心，是上海“十三五”的规划目标之一。上海市卫计委副主任闻大翔说，建设医学中心最终目的是为了更好保障市民健康，为此上海将实施临床重点专科“腾飞计划”。其中包括，以国内优势专科为龙头，冲击国际领先水平，目前候选专科达到 14 个。对于列入计划的专科，政府将在基础建设、财政投入等方面加大支持。

深挖潜力　推动服务经济创新发展

2018 年 4 月底，总投资近 95 亿元的重大科技基础设施——硬 X 射线自由电子激光装置在上海张江国家科学中心全面开工。在这个装置背后，张江已形成一个世界领先的光子大科学设施集群，服务国内外的科研人员。

抓创新发展，是“上海服务”的重要内容。提升科技创新服务能级，也列入了“上海服务”三年行动计划。在集成电路、生物医药等领域，上海将通过建设研发与转化功能型平台，支持相关产业发展。

创新的意识，也逐步渗入到每个企业当中。“盖楼就像造车。车造好之后，既要有人开，还要有人保养。建筑也一样。”近年来，依靠这种创新理念，上海建工集团已从一个工程承包商转型为集勘察、设计、建造、运维于一体的综合服务商。

在开放、品质和创新的基础上，“上海服务”三年行动计划提出，到 2020 年，上海配置全球资源能力明显提升，服务经济实现高质量发展、服务民生创造高品质生活，“上海服务 = 优质服务”的感受度和认知度全面加强。

（原载新华网 2018 年 5 月 8 日）

金融业扩大开放，“桥头堡”又有新作为　上海以一系列创新和务实举措，迈向金融业改革开放新时代

新华社　姚玉洁　桑　彤

取消银行和金融资产管理公司的外资持股比例限制，将证券公司、基金管理公司、期货公司、人身险公司的外资持股比例上限放宽至51%，从2018年5月1日起扩大内地和中国香港两地股市互联互通每日额度，并争取在2018年内开通沪伦通……

最新宣布的一系列金融业对外开放时间表和路线图，宣示了中国深化改革开放的坚定意志和决心。作为中国金融改革开放桥头堡的上海，正紧抓机遇，先行先试，以一系列创新和务实举措，迈向金融业改革开放新时代。

近悦远来：历史性机遇引外资机构“弄潮”

“最新公布的进一步扩大外资参与内地金融市场的措施，体现了决策层深化金融改革、推动人民币国际化以及加大资本市场开放的决心。”汇丰亚太区行政总裁王冬胜说。

多家外资金融机构表示，他们将迎来参与中国市场的历史性机遇，而上海显然是中国扩大金融业对外开放的“高峰”和“潮头”。

上海金融业对外开放新格局日益清晰：各类外资金融机构占上海金融机构总数近30%；总部设在上海的外资法人银行、合资基金管理公司、外资保险公司占国内总数的一半左右；截至2018年1月末，在沪20家外资法人银行资产余额2.18万亿元，占全国所有外资法人银行资产余额的82.57%；金砖国家新开发银行、全球中央对手方协会等国际机构和组织落户上海……

将于5月1日迎来大幅扩容的沪港通，已平稳运行3年多，截至3月末，沪港通交易总金额达7.8万亿元。上海证券交易所透露，正与伦敦证券交易所推动沪伦通规则和操作性安排的落地工作。

“最近，一些国际知名金融机构和上海进行了沟通，他们均希望在国家进一步放宽外资股占比政策明确后，能够按照新政策在上海落地发展。”上海市金融办主任郑杨说，

2017年上海在全国率先发布金融服务业对外开放负面清单指引，目前正在和国家金融管理部门积极沟通，请求支持上海在放宽或取消金融机构外资股占比限制、扩大经营范围等方面先行先试。

参与定价：提升国际影响力和话语权

以人民币计价、我国首个境内外投资者同台交易的金融产品原油期货3月上市以来，成交活跃，首周各品种累计成交27.82万手，总成交金额1159.23亿元；多家境外机构参与，“中国版”原油期货初步展露国际范。

市场普遍认为，原油期货上市更有利于形成反映中国和亚太地区石油市场供需关系的价格体系，并加强中国在国际能源市场的话语权乃至定价权。

作为全球金融要素市场最集聚的城市之一，上海正试图通过进一步加大开放创新，争取与我国经济地位相匹配的国际影响力和话语权。

2017年4月，迪拜黄金与商品交易所正式上线人民币计价的“上海金”期货合约产品。“在‘西金东移’的过程中，中国黄金市场正向国际黄金交易枢纽发展新时代迈进。”上海黄金交易所党委书记、理事长焦瑾璞说，“‘上海金’基准价为黄金市场提供了美元计价以外的另一种选择，有利于逐步改变黄金市场‘消费在东方、定价在西方’的不平衡局面。”

而即将设立的金融法院也将助推上海成为法治化、规范化和国际化水平最高的地区之一。上海市高级人民法院负责人表示，目前世界主要的国际金融中心，如英国伦敦、美国纽约等，均建立了与其金融体系特点相适应的专门金融纠纷解决体制机制。上海建立金融法院，有利于向国际宣扬和确立我国金融司法理念和裁判规则，提升中国金融司法的国际影响力。

互联互通：打造“一带一路”投融资中心

青岛海尔股份有限公司日前发布公告称，拟在德国法兰克福的中欧国际交易所D股市场首次公开发行股票并上市。中欧国际交易所是由上海证券交易所、中国金融期货交易所及德意志交易所集团共同设立的合资公司，首只D股发行意味着我国资本市场在国际化及参与“一带一路”建设领域再下关键一城。

上海不断加强与“一带一路”沿线国家和地区的金融纽带关系，相关金融机构来沪设立分支机构意愿明显增强。据上海银监局局长韩沂介绍，截至2018年一季度末，上海共有来自泰国、马来西亚、阿联酋、科威特等15个“一带一路”沿线国家的5家法人银行、14家分行以及9家代表处。

上海正致力于打造“一带一路”投融资中心和全球人民币金融服务中心。截至2017

年末，人民币跨境支付系统（CIPS）吸引了“一带一路”沿线国家和地区的508家间接参与者，覆盖41个国家和地区；通过自由贸易账户累计与“一带一路”沿线国家和地区发生跨境收支2886亿元；上交所与哈萨克斯坦共同建设阿斯塔纳国际交易所，并与中金所、深交所组成联合体成为巴基斯坦证券交易所的战略投资者；越来越多的“一带一路”沿线国家企业到上海发行熊猫债券……

2017年，上海在全球金融中心城市排名中跃升为第六位。上海市副市长吴清说：“上海已经成为中国金融对外开放的最前沿。自贸试验区金融改革深入推进，金融对外开放领域不断拓宽，沪港通、债券通、黄金国际板、跨境ETF等顺利推出。乘着中国新一轮对外开放的东风，上海国际金融中心还会努力往前攀升，往上攀升。”

（原载《新华每日电讯》2018年4月20日）

重振“上海制造”：三年打造五百项精品

新华社　周　琳　王默玲

对一个城市的记忆，常常来自对商品的留恋。蝴蝶牌缝纫机、永久牌自行车、上海牌手表……“上海制造”曾给一代代人留下深刻印象。如今，上海在打响制造品牌三年规划中，正式提出“打造500项上海制造精品”的目标，在高起点上再次起跑。

“制造＋服务”，老品牌注入创新DNA

让“上海制造”品牌成为好口碑、好品质的代名词，是重振“上海制造”的朴素愿望，更是上海每一个老制造人的荣誉之战。

这需要主动应对产业新变革，着力打造“大国重器”，代表国家参与国际竞争与合作。“在燃机领域，我们是目前中国唯一具备燃气轮机完整技术，能够为用户提供设备及全套检修维护服务的设备制造企业”。上海电气（集团）总公司副总裁吕亚臣说，目前上海电气燃气轮机核心热部件已实现了批量生产与供货，并打破了外国企业在中国燃机市场长期协议服务的垄断。

同时，也需要顺应市场新潮流，着力创造“时代精品”，重新走进千家万户。一台位于上工申贝公司大厅正中央的缝纫机器人，一改工业革命以来“机器不动、人在动”的缝纫作业形式，灵活的机械臂让“物料不动、机头动”，恰如这个近百年的缝纫企业，没有故步自封“吃老本”，也没有盲目扩张“忘老本”，而是主动紧盯市场趋势，不断根据客户所需，创新研发新产品。

世界第一台“双水内冷”发电机、中国首台万吨水压机、中国第一套核电机组，通过“上海制造”走向国际舞台；大飞机制造中碳素纤维结构件的缝纫，有了“上海制造”机器人的身影，“制造＋服务”正在为这些品牌注入创新的DNA。

“网络＋实体”，“旧流程”插上智能翅膀

一部联网的手机，一个isesol工业互联网系统的手机客户端，不论在哪里，轻轻一点就能获取平台接入的全国各地智能机床的设备运行信息。

“这就是工业互联网。以前机床设备的生产是一个被动过程，它需要人走到旁边才可以统计获取数据，但现在依托于物联网的工业大数据采集和分析，平台各方都能获取所需的信息，进而创造价值。”isesol 系统研发团队智能云科信息科技有限公司总经理朱志浩说。

智能云科最初是沈阳机床为了摆脱国外对于数控机床核心技术的封锁，开发数控机床“大脑”的上海团队。在七年磨一剑打造出了完全自主知识产权的机床控制器后，这个团队敏锐捕捉到了“互联网 + 工业”的气息，把“互联网 +”的翅膀插在了全国一万多台机床设备上。

放眼上海，工业互联网生态日渐形成，企业的云计算、移动互联网应用率达到 50% 以上，涌现出上海仪电、华谊化工等 30 多个行业性工业互联网平台，振华重工、上海理想正致力于打造国家级工业互联网平台。

上海市经济和信息化委员会主任陈鸣波说，过去 20 年我们抓住了互联网发展机遇，在消费级互联网领域与美国同处世界领先地位，现在有必要、有动力向产业级互联网跨越升级。比如，在工业领域加大工业互联网的应用推广，依靠数字化、网络化和智能化，大幅提高全要素生产率。

“文化 + 科技”，好信誉重塑工匠精神内涵

镶、嵌、滚、宕、盘、绣、绘……这是旗袍制作的典型工艺，而量体裁衣则是所有工艺的第一步。印象中老裁缝拿着软尺贴身测量的传统场景，在沪上旗袍定制品牌蔓楼兰中却有另一番科技感十足的光景。

蔓楼兰将 3D 扫描技术融入高级立体裁剪流程。3D 扫描将客户体型数据进行精确记录，然后将客户的体型进行人台打印，旗袍工艺师能直接在该人台上进行立体裁剪，实现真正的“量体裁衣”，最终能大幅提升客户的满意度。

“过去，家家户户都以拥有上海经典产品而自豪。”上海市经信委副主任吴金城说，但现在追求高品质生活，消费者不再以“有没有”为需求，“上海制造”要以“好不好”为标准，推出适应人们需求升级的高端产品，这就是“上海制造”坚持的“工匠精神”。

（原载《新华社每日电讯》2018 年 5 月 15 日）

制定行业发展计划　打响“上海制造”品牌绘制“路线图”

新华社　周　琳　龚　雯

记者2018年5月7日从上海市政府新闻发布会获悉，上海正在加快制定集成电路、民用航空产业发展等行动计划，推动产业链、创新链的联动发展。这也是打响“上海制造”品牌三年行动计划中的一部分。

《全力打响“上海制造”品牌　加快迈向全球卓越制造基地三年行动计划》已于近日发布，提出了10个专项行动。其中名品打造、名企培育、名家汇聚、名园塑造这四个行动，是最核心的“标识性动作”；技术创新、品牌创响、质量创优、融合创智、集群创建以及绿色创先等“六创”，将集中围绕“四名”来开展工作。

上海市经济和信息化委员会主任陈鸣波说，打响上海制造品牌，是落实制造强国、网络强国战略的重要载体。这不仅要主动应对产业新变革，着力打造“大国重器”，代表国家参与国际竞争合作；也要顺应市场新潮流，着力创造“时代精品”，重新走进千家万户、市民心中。

名品方面，上海着力打造500项“上海制造”精品，包括着力突破集成电路、航空发动机等“卡脖子”瓶颈；名企方面，将着力培育以世界一流企业、“独角兽”企业、“隐形冠军”为核心的卓越制造企业群体；名家方面，将着力汇聚以卓越科学家引领、卓越企业家运营、精工巧匠支撑的卓越制造人才队伍；名园方面，将加快建设以世界级品牌园区、特色产业基地为重点的区域性承载体。

“以集成电路为例，上海目前在全国集成电路基础很好，产业链完整度很高，设计、制造、装备等产业链条比较完整。”陈鸣波说，目前上海已在制定集成电路产业发展的行动计划，以便推动产业链、创新链的联动发展，形成大思路、大规划、大举措。

（原载新华网2018年5月8日）

上海制造借第四次工业革命凝聚转型力量

新华社　贾远琨

编者按：

随着新一代工业革命的到来，各国纷纷从自身的优势领域切入，以谋求在新的产业分工中获得有利位置。而以上海为龙头的泛上海工业带在产业基础、资金成本、通达能力等方面具有全球独一无二的综合优势，或将成为第四次工业革命的地理枢纽。

从全球范围来看，泛上海工业带的产业门类最为齐全，这样的布局增强了门类之间的互联性，交叉学习的效率更高，可以在较短时间内实现所有门类的整体变革。更为重要的是，泛上海工业带还围绕不同产业门类形成了紧密的上下游簇群，能在极短的时间内实现产业配套。

因此，打响“上海制造”品牌，不仅擦亮了上海的这块金字招牌，也将有力提升上海参与全球合作竞争、配置全球资源的实力。

国产大飞机拉升上海制造“工业内生力”

戴着AR眼镜操控虚拟电子屏幕、端着相机给零件进行立体扫描……这场景像在进行一次增强现实的游戏，但事实上他们是在制造、检测飞机零件。

日前，记者在国产大飞机生产加工零部件的智慧数控车间看到，物联网、AR、云计算等时下最炙手可热的技术都在这个车间有所应用。

据了解，大型客机制造是一项高度集成的系统工程，被称为“现代工业的王冠”。一架C919大型客机，有724根线缆、2328根导管、总长近80公里管线，零部件总数达250万个，毫无疑问，这是一项精细活。

智慧车间造飞机靠谱吗

走进上海飞机制造有限公司的智慧数控车间，最忙碌的是一条无人零件生产线。数控机床、运载机器人、AGV小车，甚至是物料架和托台，所有设备都植入了一根“神经”，实现设备之间的信息交互。

数控机床将零件加工好，运载机器人便接收到信息前去取件，自动“唤醒”水箱对零件进行超声波清洗，随后放置在托架上，由 AGV 小车运出车间。整个过程实现无人化作业。

上海飞机制造有限公司数控机加车间党支部书记许江炜说：“操作工人从线性工作中解放出来，从一身油污到一身清爽，工作效率也大大提高。”

自动化生产线在汽车等装备制造行业早已有大规模应用，这个智能生产线有什么特别？

尽管一架飞机上有几十万个零部件，然而零部件的种类繁杂，很多零部件用量不大，但加工难度却很大。

许江炜拿起一个造型不规则的零件告诉记者，这个叫作“角片”的零部件用于飞机的平尾，一架飞机仅用 1 片，每月生产 30 片左右，因为需求量小，如果采用类似于汽车制造的自动化流水线模式，生产成本太高。要满足飞机制造的精度高、数量少的特殊需要，只能采取个性化定制的柔性智能生产模式。

简单地说，这一生产模式就是工艺员“打样”、机器“复制”。由工艺员按照设计要求，打造出第一件符合要求的零件，以数据导入的方式让这一零件的加工、检测要求进入生产管理系统，后面就由机器人根据生产系统指令进行同一标准的小批量自动化零件生产。

“在智能数控车间，只要确保机床刀具的尺寸是对的，就不用担心它出现偏差，减少了人为因素导致的误差和干扰。”2010 年进入上海飞机制造有限公司的高级铣工陈海明说。

机器人来了，人去干什么

在产品检测区域，一个装有十几只“眼睛”的机器人正在对一个零部件进行全方位扫描，机器人拍摄下的零部件图像直接输入电脑，与电脑中的设计图纸进行比对，就可看出这一零件的制造是否符合设计要求。过去两三个小时才能完成的检测项目现在两三分钟就完成了。

机器这么“聪明”，是不是就不再需要工人了？

其实，在这个智慧车间，除了生产流水线，还有一条隐性“流”，即信息流，整个车间的运行信息汇总到实时监控平台，使车间“透明化”，所有信息汇总给操控人员，人的作用就能更好地发挥。

比如，植入“神经”的加工设备工作情况怎么样，如何检查？一位工作人员戴着 AR 眼镜，手指在空中点动，这是工作人员在实时监控设备运行情况。运用 AR 技术，眼镜投射出的电子屏幕能够反映设备的工作状态、历史数据、设计图纸，你需要什么资料，就直接用手点击虚拟的屏幕调取，省去了在电脑上反复调取资料、数据比对的麻烦。“在这里工作，充满了科技感，很酷！”操作人员介绍起来兴趣盎然。

“车间的智能化改造不是让机器替代人，而是对人提出了更高的要求。现在我们的工艺员既要懂设计，又要懂生产，还要懂质检，才能保证整个系统的安全运行。”上海飞机制造有限公司科技管理部部长汪顺利说。

有了智能装备，传统技艺是不是就不需要了？令人意想不到的是，30多年未出过一个次品的全国劳模胡双钱就在这个车间。“我们从劳模身上学习的不仅是精神，还有他的操作经验，我们要做的事情是将这些经验数据化、结构化，更便于技术的传承和提升。”许江炜说。

智能改造是试验田也是孵化器

整个数控车间的员工有300多人，35岁以下的占90%，“90后”占50%。时代变了，生产模式必须要变。

除了已经进行智能化改造的机械加工车间外，飞机制造的部装、工装、总装车间的智能化改造是未来的方向。

自2017年9月，上海飞机制造有限公司决定对加工车间进行智能改造至今，800毫米以内的零件生产已经实现了智能生产，下一个目标是实现800毫米以上零件的智能化制造。

“我们已实现小批量、多品种、多工序的混线生产，下一步将向单件流、完全个性化定制的方向努力，也就是说未来任何零件都可以个性化定制，只生产一件也不至于抬高成本，不受批量化生产的限制。”许江炜说。

难点不在于做不到，而在于想不到。智慧数控车间是一块试验田，也是一个孵化器，未来智能化改造还将向绿色、节能、环保、互联网化发展。

比如，数控机床作业需要冷却液，现在是通过加注的方式更换冷却液，未来通过智能化改造可以实现冷却液的循环利用，降低成本，保护环境。

又如，飞机零部件造型复杂，一般成品只占到原始物料的三分之一，三分之二的物料被削掉了，通过智能化设计，将废弃掉的铝屑直接回收压制，降低废料处理的物流成本。

再如，移动互联网时代，智能车间的信息系统可以与每个员工的手机连接，让员工上班的路上就可以通过手机看到自己当天的生产任务、设计图纸、生产难点。

要完成飞机制造的批量生产任务，没有智能制造是难以实现的，也难以保证产品质量。通过智能化改造，寻找效率更高、可靠率更高、成本更低的生产模式，我国的飞机制造业正在不断探索升级中。

（原载《经济参考报》2018年10月22日）

25 年精心打磨，上海递出文化“金名片”

——写在第 21 届上海国际电影节落幕之际

新华社　孙丽萍　许晓青　吴　霞

第 21 届上海国际电影节于 2018 年 6 月 25 日落幕，绚烂光影和璀璨红毯转瞬定格成永恒记忆。这一亚洲电影盛会走过了 25 年征程，国际影响力与日俱增。

从最初广罗世界影坛新片旧作、用心为影迷打造“电影盛宴”，到如今打造上海文化品牌、筑梦电影之都，面向世界代言中国电影力量……上海国际电影节正迎来她“最好的时光”。

聚焦“一带一路”：影响世界电影新格局

“遥远的海上的那船啊，请你一直不要靠岸，请你闪亮地驶向前方……”以书写上海著称的作家陈丹燕，在本届电影节上喜迎电影处女作诞生。

中国和塞尔维亚合拍的纪录电影《萨瓦流淌的方向》在上海国际电影节上宣告完成拍摄。塞尔维亚是中东欧地区历史悠久的国家，也是“一带一路”上的明珠。在这部影片中，中国作家陈丹燕行走在塞尔维亚的街头巷尾，看见战乱后的爱和希望，细致入微地解读它的历史人文之美。

聚焦“一带一路”，正推动中国电影形成新的视野与格局。2018 年上海国际电影节上，有来自“一带一路”沿线 49 个国家的 1369 部电影报名参赛参展。29 个国家的 31 家电影节机构在上海联合签约成立“一带一路”电影节联盟。首次设立的“一带一路”电影周更是叫好又叫座。

“‘一带一路’建设是最好的桥梁，把中国和全世界的电影人拧成了一股绳。”意大利影像工业协会国际部总监罗贝托说，意大利已为中意合拍片推出优惠政策，积极孵化中意合拍电影创意。格鲁吉亚编剧卡尔瓦锡也表示：“我们是穿针引线的人，通过电影艺术，把‘一带一路’沿线国家串联在一起。”

众多由“一带一路”沿线国家携手合拍，反映古丝绸之路今昔的精彩影片浮出水面。上影集团参与的中哈合拍片《音乐家冼星海》讲述古城阿拉木图“冼星海大道”的传奇故事；中以合拍片《魔咒钢琴》反映二战时期犹太人在上海的生活。上影集团董事长任仲伦认为，如果把有实力、有前途、有潜力的各国电影带动起来，包括中国在内的

“一带一路”国家电影必将对世界电影格局产生重要影响。

对标“世界顶尖”：国际影响力迅速提升

“在全球电影节的格局中，上海国际电影节的地位正在迅速上升。”戛纳电影节总监弗雷茂在短短三天时间里密集约会各方人士，收获满满。与他同步，刚刚获得金棕榈大奖的日本影片《小偷家族》，也“第一时间”来到上海国际电影节上。

2018年5月，国际电影制片人协会成立电影节委员会，上海国际电影节与戛纳电影节一起成为这个委员会指定成员。这意味着，上海国际电影节在国际电影核心机构中的“话语权”又有提升。

上海国际电影节的国际影响力与日俱增，背后有着中国即将成为全球最大电影市场的强大支撑。改革开放40年来，经过一代一代中国电影人的努力，中国电影产业直接市场规模已近600亿元，观影人次达16.2亿。上影节发布的《2018中国电影产业研究报告》显示：2018年第一季度，中国电影创造了200亿元的票房，超过北美，首次跃居世界第一。

国际地位的提升，来自上海国际电影节的锲而不舍——始终坚持汇聚电影产业要素、推动中国电影对标世界顶尖，为世界电影作出贡献，厚积薄发而终成气象。

从孵化创投到拍摄制作、从宣传发行到国际合作，上海国际电影节努力打磨电影工业上的每一个环节。既致敬大师，更扶持新人，在传承和创新中壮大中国电影力量，是上海国际电影节的不变初心。

打造“上海品牌”：文化大都市插上光影翅翼

“上海这座城市，具备丰富的电影DNA。”来到上海国际电影节的中外电影人无不赞叹。

上海拥有深厚的电影文化底蕴：1895年12月底，卢米埃尔兄弟在巴黎市中心的咖啡馆放映《火车进站》等短片，标志电影诞生。仅仅半年之后，《火车进站》等影片就远渡重洋来到上海。在虹口区的徐园，人们第一次看到了“西洋戏”。在很长时间里，上海占据了中国电影半壁江山。

眼下，海派电影记忆被重新激活：沪剧电影《雷雨》宣布开机，将把曹禺名著创新性搬上银幕；4K修复版《画魂》拂去岁月尘埃，再现江南故事；导演谢晋生前执导的唯一喜剧片《大李小李和老李》，又以“沪语配音”的新版重登银幕；《护士日记》的2K修复版首映，人们仿佛穿越时空，再度聆听到“小燕子，穿花衣”的童年歌声……

不忘历史、开创未来——上海正全力打响“上海文化”品牌，擦亮“上海电影”这块沐浴百年风雨的金字招牌。2018年电影节上，上海电影最新规划、重磅政策集中推出，吸引眼球。松江区发布“科技影都”计划，集聚影视制作机构；戏曲电影“上海制造”声势浩大，全力传承中华传统文化；刚刚推出的2018版《拍摄在上海——上海影视拍摄指南》，则成为中外来宾最感兴趣的“伴手礼”。

25年来，上海国际电影节致力于推动中外电影交流，已成为递给世界的一张文化“金名片”。展望前方，上海国际电影节将乘势而上再出发，助推中国从电影大国迈向电影强国。

（原载《新华每日电讯》2018年6月26日）

红色·海派·江南：上海全力打响三个“文化品牌”

新华社　许晓青　孙丽萍　吴　霞

正在建设国际文化大都市、不断提升城市文化软实力的上海，近日上海市委、市政府明确提出：“对标国际最高标准、最好水平，加快打造一批海派特色突出、城市特质彰显、内涵价值丰富、感知识别度高的国内国际知名文化品牌。”

文化，是城市发展的精神基石。中共上海市委、市政府日前印发《关于全力打响“上海文化”品牌　加快建成国际文化大都市三年行动计划》，明确三大重点任务——全面打响上海红色文化品牌、海派文化品牌、江南文化品牌。

红色文化：城市精神的底色

“骏马，在平地上如飞地奔走。”耄耋之年的著名话剧演员焦晃坐在轮椅上坚守舞台，以高亢的语调完成诗朗诵；中国戏剧家协会名誉主席、京剧名家尚长荣辗转京沪两地，全程参与演出。2017 年 10 月至 2018 年 3 月，上海文艺界创排的《从石库门到天安门》诗歌朗诵会连演四轮八场，观众反响热烈。

上海是中国共产党的诞生地，红色文化是城市精神的底色。党的十九大召开后，位于兴业路上的中共一大会址纪念馆客流创新高。如今，每天有超过 5000 人到此参观。

上海市委宣传部负责同志介绍，为打响红色文化品牌，上海已着手实施“党的诞生地发掘宣传工程”、理论研究传播品牌建设等两大专项行动，着力建设好、守护好中国共产党人的精神家园。

“守护精神家园”落实在具体行动上。上海市文物局介绍，将进一步做好上海革命遗址保护利用规划，同时对一大会址、二大会址、宋庆龄故居等全国重点文物保护单位编制单项保护规划；还将保护修缮中国社会主义青年团中央机关旧址等。

文艺家们也不甘落后。“从石库门到天安门”不仅被搬上舞台，同时跃然纸上。由 96 幅美术作品组成的“从石库门到天安门”上海美术作品展，吸引逾 110 万人次观展。学术界则从“网红”思政课入手，未来还将在相关学科课程中增加党的创建史和革命传统文化教育内容。

在基层，上海市民微电影节、红色故事大赛、革命歌曲大赛、“国旗下成长”主题活动等，深受市民欢迎。上海还在规划设计开发“红色之旅专线游”“发现之旅”等，以“红色文化”吸引更多中外友人。

海派文化：中西交汇的舞台

中国的二胡碰到西方的大提琴，经典唢呐与电声跨界混合，8000 年的骨笛与 3000 年的古琴“相遇”——上海民族乐团原创的民族音乐会《海上生民乐》2018 年 2 月到英国、法国、比利时、德国等国巡演，向上万名欧洲观众展现海派民乐新风采。

上海民族乐团团长罗小慈说：“海派民乐的融合就是要‘打开’同中国各地及全世界各个民族的音乐进行融合，让海派民乐充满生机。”

近年来，《上海市“十三五”时期文化改革发展规划》和《关于加快本市文化创意产业创新发展的若干意见》（简称“上海文创 50 条”）相继实施。最近出台的“三年行动计划”，则是对文化领域“海派特色和优势”的再强化、再升级。

根据“三年行动计划”，上海将重点打造上海国际电影节、中国上海国际艺术节、中国国际数码互动娱乐展览会、中国国际动漫游戏博览会等重大节展品牌。同时，以文学、影视、舞台、美术、群文、网络六类文艺体裁，重点推进“五年百部精品创作工程”“中华创世神话文艺创作与文化传播工程”等。

尚长荣说，上海一向是中西文化交汇的窗口，南北艺术荟萃的舞台，文化上也是海纳百川般的大容量与大融合。文艺工作者要顺势而为，创作观众喜闻乐见的作品。

江南文化：通联长三角，点亮新时尚

江南无所有，聊赠一枝春。位于上海青浦区的朱家角镇眼下正是垂柳夹岸、碧波荡漾，宛如一幅徐徐展开的春日江南画卷。这座古镇坐拥通联长江三角洲的“地利”之便，正在成为拥有一系列大型国际会展的文化旅游目的地。

这里不仅有久负盛名的放生桥、课植园，同时也是近代以来文人荟萃、出版繁荣的江南特色市镇之一。沪上著名作家孙甘露与众多出版人正计划在朱家角复兴千年水乡“阅读小镇”。未来，这里每月都将举办水岸图书集市，“阅读大道”“阅读客栈”等也在规划中。

学者指出，近代以来，上海逐渐形成丰厚的江南文化资源，依托开埠后的都市繁华，吸引周边文化资源，形成江南文化中心。进入新时代，打响江南文化品牌，更是大有可为。

正在复兴的朱家角是一个缩影。管窥全上海，随着长三角一体化进程加速，上海在长三角城市群的文化品牌“高地”位置进一步凸显。

上海在“三年行动计划”中，将重点实施优秀传统文化传承、江南文化研究发掘展示等两大专项行动，具体落实在加强江南特色历史风貌保护和加强江南特色文化遗产保护。

上海市委宣传部负责人说，上海将以有利于文化遗产保护为前提，开展创造性转化利用，激活文化遗产生命力。

（原载《新华每日电讯》2018 年 5 月 3 日）

二、访谈篇

上海建工

2018 年 7 月 17 日，上海建工集团股份有限公司党委副书记、总裁卞家骏做客访谈

企业介绍

上海建工集团股份有限公司（以下简称上海建工）坚持“和谐为本、追求卓越”的核心价值观，是一家具备为客户提供从投资、建设到勘察、设计、建造、运维、更新等为一体的建筑全生命周期服务商，拥有完整的建筑全产业链，旗下“建筑施工、设计咨询、房产开发、城建投资、建材工业”等五大事业群协同联动，“城市更新、水利水务、环境工程、数字化工业化建造、建筑服务业”等五大新兴业务蓬勃发展。经营规模在美国《工程新闻记录》杂志公布的“2018 年 ENR 全球最大 250 家工程承包商”中位列第 9 位。

上海建工大力实施“三全”战略

——全国化发展、全产业链协同联动、打造建筑全生命周期服务商

新华社　陆文军

企业历史长达65年，累计完成工程量超过10万个，项目遍布全国32个省市区，足迹留遍中国120多座城市，远涉重洋业务拓展到海外22个国家和地区，承建200米以上超高层地标建筑超过70栋……拥有这组辉煌数字的，就是中国著名建设集团——上海建工。7月17日在上海举办的“改革开放再出发　新征程上铸品牌——2018‘对话上海国企领导’全媒体大型访谈”活动中，上海建工集团党委副书记、总裁卞家骏表示，作为改革先锋、创新先导的上海建工，正在新一轮“凤凰涅槃”，全面转型为中国“建筑全生命周期服务商领跑者”。

“632米的上海中心大厦刷新中国高度，147万平方米的国家会展中心创出全球最大的单体建筑记录，这些‘超级工程’的缔造者上海建工，不仅仅满足于建造精品工程，而是要引领行业潮流”，卞家骏说，未来上海建工将逐步从“工程承包商”向“建筑服务商”转型，以成为中国“建筑全生命周期服务商领跑者”为战略定位，深入实施“全国化发展、全产业链协同联动、打造建筑全生命周期服务商”的“三全”战略。

卞家骏说，创新，一直是上海建工的企业基因，更是当前转型发展的动力源泉。在2017年国家发改委发布的国家企业技术中心评价中，上海建工以94.5分的优异成绩位列全国1345家国家企业技术中心第7名、土木建筑业第1名、上海市第1名，领先于同行。

他介绍，65年来上海建工把科技创新放在发展大局的核心位置，主动融入国家科技发展战略。上海建工以“中央研究院”模式开创性地建立了两级科创体系。企业研发支出占主营业务收入比重超过3%，并且逐年显著增加。到2018年7月为止，上海建工先后获得国家级科技奖项46项，包括国家技术发明奖4项、国家科技进步奖32项（其中一等奖5项）、全国科技大会奖10项；获省部级科技奖近500项。

卞家骏介绍，目前上海建工大力实施“三全”战略：全国化发展，就是要打造上海建工总部在上海、市场在各地、管控在区域的市场布局、组织管理和资源配置体系。全产业链协同联动，就是要发挥设计咨询事业群的先导作用、城市建设投资事业群的拉动作用、房产开发事业群的推动作用、建材工业事业群的支撑作用、建筑施工事业群的基石作用，形成产业优势、规模优势和成本优势，实现战略协同。打造建筑全生命周期服

中国第一高楼上海中心大厦

上海迪士尼乐园

全长44.4公里的昆山中环

全球最大的单体建筑国家会展中心（上海）

● “上海建工”品牌被认定为“中国驰名商标”，是国内建筑唯一获此殊荣的企业。多年来，集团积极参与城市化建设，奉献了众多工程精品

务商，就是要从“工程承包商”升级转型为“建筑服务商”，成为从项目策划、规划设计、整体开发、融资支持、总包管理、施工建造、系统集成、销售支持、物业管理、数据监测、运营维护、建筑更新等全过程提供专业解决方案的服务商，并能对智慧城市基础性工程建造和城市更新给予全方位支持的增值服务提供商。

历经65载岁月的老国企，为何能常葆青春，为何能不断自我革新，焕发新生动力？卞家骏说，上海建工核心竞争力在于人才。企业拥有叶可明、林元培等2位中国工程院院士，以及5位国家勘察设计大师、2位何梁何利基金获得者、1位全国创新争先奖获得者、1人入选国家百千万人才工程，先后有58人获国务院政府特殊津贴，18人获上海市领军人物称号……

“没有人才优势就不可能有发展优势、创新优势，抓人力资源重要的就是建立科学的人才评价和激励机制”，卞家骏说，上海建工在长期的发展实践中，坚持市场导向，通过人才管理创新，建立了多层次、全方位的人才激励制度，取得良好成效。

卞家骏说，正在全力打造中国“建筑全生命周期服务商领跑者”全新定位的上海建工，将坚决贯彻落实上海市委市政府提出的“全国布局、服务全国、海外发展”的要求，积极打响“上海服务”品牌，目标是为了服务全国。上海建工正在全力提升品牌“亮度”，以“专业、专注、专心、专家”的“四专精神”，进一步丰富上海建工的品牌形象和内涵。

（原载《新华每日电讯》2018 年 7 月 18 日）

改革引领转型　上海建工争当中国“建筑全生命周期服务商领跑者”

东方网　王佳妮

提到上海建工，不少人脑海中浮现的首先是“超高层建筑”“大型桥梁”“地标建筑”等词汇。然而，上海建工近年来正悄然从“工程承包商”向“建筑服务商”积极转型，努力成为中国“建筑全生命周期服务商领跑者”。

新时代新征程，上海建工如何塑造新的品牌内涵？7月17日在沪举办的“改革开放再出发　新征程上铸品牌——2018‘对话上海国企领导’全媒体大型访谈”活动中，上海建工集团党委副书记、总裁卞家骏表示，作为改革先锋、创新先导的上海建工正以“专业、专注、专心、专家”的“四专精神”积极打响“上海服务”品牌。

从“工程承包商”到“建筑服务商”

“632米的上海中心大厦刷新中国高度，147万平方米的国家会展中心创出全球最大的单体建筑记录，将‘梦幻世界’化为现实的上海迪士尼30多个单体建筑，17万平方米的港珠澳大桥澳门口岸旅检大楼……这些‘超级工程’的缔造者上海建工，不仅仅满足于建造精品工程，而是要引领行业潮流。”卞家骏说，未来上海建工将逐步从“工程承包商”向“建筑服务商”转型，以成为中国“建筑全生命周期服务商领跑者”为战略定位，深入实施“三全”战略。

何谓“三全”战略？卞家骏介绍，“三全”指的是“全国化发展、全产业链协同联动、打造建筑全生命周期服务商”。全国化发展，就是要打造上海建工总部在上海、市场在各地、管控在区域的市场布局、组织管理和资源配置体系。全产业链协同联动，就是要形成产业优势、规模优势和成本优势，实现战略协同。打造建筑全生命周期服务商，就是要从“工程承包商”升级转型为“建筑服务商”。

东方网记者了解到，目前，上海建工已形成建筑施工、设计咨询、房产开发、城建投资、建材工业等五大事业群协同联动发展的产业新格局，通过发挥各事业群的特长，形成产业优势、规模优势和成本优势。同时，围绕施工主业不断向前端、后端延伸产业链，涵盖了从项目策划、规划设计、整体开发、融资支持、总包管理、施工建造、系统集成、销售支持、物业管理、数据监测、运营维护、建筑更新等建筑全过程生命周期。

以装配式建筑为例，上海建工已拥有房产开发、设计咨询、科技研发、施工安装、构件生产、运营维护于一体的装配式建筑全产业链建造体系，并于2017年被住建部认定为首批国家装配式建筑产业基地。特别是由上海建工集投资、开发、设计、预制构件生产与建造为一体的上海周康航大型居住社区，作为全国最大规模预制装配式示范项目，生动彰显全产业链一体化优势。

转型进行时，“上海建工”这一名片正熠熠生辉。2017年，上海建工新签合同额2580.82亿元、实现营业收入1420.83亿元。经营规模在美国《工程新闻记录》杂志公布的“2018年ENR全球最大250家工程承包商”中位列第9位，在《财富》“2018年中国500强”中位列第61位。

上海建工集团股份有限公司遵循“不停航、不停业、不封路、不拆迁”的理念，参与浦东新区地标上海第一八佰伴的整体升级改造工程

从“高技能人才”到“大国工匠”

高技能人才是企业人才队伍的重要组成部分，是一个企业核心竞争力的体现。随着建筑产业现代化进程的加快使得传统的施工承包模式开始向城市综合建造、设计施工一体化、互联网+建筑等新的商业模式转变，技能人才的培养也在向绿色、环保、装配、工业化制造、BIM技术等领域转变。

“没有人才优势就不可能有发展优势、创新优势，抓人力资源重要的就是建立科学的人才评价和激励机制”，卞家骏说，上海建工在长期的发展实践中，坚持市场导向，通过人才管理创新，建立了多层次、全方位的人才激励制度，取得良好成效。

2015 年，上海建工集团股份有限公司旗下上海市政总院成立了全市首个以从事完整的场地调查、风险评估、修复设计和修复工程的技术服务为主的“污染场地修复技术研究中心”

值得一提的是，上海建工还将高技能人才的培养视作集团产业升级转型和产业链提升的人力资源保证，于 2012 年成立了自己的高技能人才培养基地，专注于基地的专业设施设备建设和企业内工种的开发、培训与鉴定工作，成效显著。截至 2017 年，共计培训技能人才 15 000 人次。其中，高级工程安装钳工、高级工程机械修理工及高级起重机驾驶员培训鉴定 1200 人次，基地培养的高级起重机驾驶员在上海中心项目塔吊施工中发挥了重要作用；培训机构基地网内申报了建筑电工、精细木工、BIM 建模、预制混凝土构件装配施工（PC）等不同工种初级、中级职工技能培训和鉴定，共计 626 人次。

叶可明、林元培等 2 位中国工程院院士，以及 5 位国家勘察设计大师、2 位何梁何利基金获得者、1 位全国创新争先奖获得者、1 人入选国家百千万人才工程，先后有 58 人获国务院政府特殊津贴，18 人获上海市领军人物称号……历经 65 载岁月的老国企正在高素质、高技能人才队伍的基础上培育更多“大国工匠”，通过不断自我革新使企业焕发新的生命力。

（原载东方网 2018 年 7 月 18 日，
网址：http://sh.eastday.com/m/20180718/u1ai11638258.html）

申通地铁集团

2018 年 7 月 20 日，上海申通地铁集团有限公司党委书记、董事长俞光耀做客访谈

企业介绍

上海申通地铁集团有限公司（以下简称申通地铁集团）于 2004 年 6 月重组成立，是上海轨道交通投资、建设和运营管理的责任主体。申通地铁在行业内率先导入卓越绩效模式，近年来综合绩效水平持续提升，在行业内处于总体领先。2015 年获得市政府质量金奖；2016 年底成为行业内首家地铁运营服务标准化体系试点单位；2017 年获得全国质量奖。

经过近年来的快速发展，上海现有运营线路 17 条（含磁浮线），线路总长度为 673 公里（含磁浮 29 公里），车站 395 座（含磁浮 2 座车站），运营线网规模位居世界地铁城市前列。目前，上海轨道交通全网工作日日均客流超过 1100 万人次，最高单日客流 1235 万人次（2018 年 3 月 23 日），在全市公交分担比例超过 54%，客流规模也在国内外同行中排名前列。

根据上海轨道交通建设规划，2018 年本市地铁运营线网规模达到 700 公里，2020 年预计达到 800 公里，企业资产将达 3000 亿元。以网络建设为平台，申通地铁同时将在投资、建设、运营、资源开发和专业咨询等五大领域不断形成核心竞争能力与规模经营优势，推动上海轨道交通的可持续发展，成为具有“国内领先、国际一流”的城市轨道交通综合集成能力的公共服务企业，并依托技术管理团队和资金实力，服务全国、走向世界。

“数据大脑”让地铁开往智能时代

——上海申通地铁集团对标国际一流，全力打造智能化数字化地铁

新华社　陆文军　有之炘

17 条线路，673 公里总里程，每天超过 1000 万人次的客流量，上海轨交的路网规模世界第一。2018 年年底，上海轨交运营总里程还将突破 700 公里。这座城市“第二空间”的打造者——上海申通地铁集团，正对标国际最高标准，按照上海构建全球卓越城市的要求，不断提高企业能级与核心竞争力。

7 月 20 日，在上海举办的“改革开放再出发　新征程上铸品牌——2018‘对话上海国企领导’全媒体大型访谈”活动中，上海申通地铁集团党委书记、董事长俞光耀表示，上海申通地铁将在以安全为本的基础上，建设形成一个高效决策的地铁“数据大脑”和互联互通、信息共享的“神经系统”，全力打造智能化、数字化地铁，开启智能地铁新征程。

2018 年是改革开放 40 周年，也是上海地铁走过的第 25 个年头。俞光耀介绍，1993 年首条上海地铁 1 号线南段通车试运行，实现了上海地铁建设与运营零的突破。之后短短 20 多年，上海地铁走过了发达国家地铁 100 多年的发展历程。目前，上海地铁网络规模位居全球第一，进站客流排名全球第二，在运营效率和质量、客运分担率、科技创新能力等关键核心指标处于行业前列。根据国际地铁协会的数据显示，近几年来，上海地铁的主要运营指标均持续快速提升。

“尽管如此，上海地铁对标国际最高标准、最好水平还有一定的距离”，俞光耀说，“因此，集团提出新一轮‘三个转型’发展目标，即从建设运营的高速增长向高质量发展转型、从单一的交通运输功能向综合服务的城市地铁网络转型、从运营地铁向经营地铁转型，按照上海建设卓越的全球城市的要求，在‘十三五’期间，实现‘国内领先，国际一流’的企业发展战略目标，不断提高企业能级与核心竞争力。”

俞光耀表示，上海地铁要在以下四个方面持续发力：一是打造安全高效的地铁网络，牢把建设安全风险关，确保运营安全受控；二是建设智慧地铁，不断加快互联网、物联网、大数据、云计算、人工智能等先进技术在地铁运营全过程的应用；三是人才强企，培养一支与超大规模网络相适应的人才队伍；四是创新“地铁安全、社会共治”的

城市安全管理新模式。

为满足持续增长的大客流需求，上海地铁全力推进新线建设，开展网络增能提效，推动地铁公共文化建设，实施地铁上盖开发，努力打造都市生活新生态。在网络增能提效方面，列车最短运行间隔已达到 2 分钟。同时，上海地铁实施 9 条线路高峰时段增能，6 条线路周末过零点延时运营，2 条线路常态化延时运营半小时，方便乘客出行，也进一步拉动了城市经济。

俞光耀预计，2018 年上海轨交全网络运营线路总长将超过 700 公里，到 2020 年底全网络规模将超过 830 公里，2019 年全网络地铁列车总数将从 2018 年的 5000 节上升到 6000 节，上海地铁将通过持续提升网络运能运力，不断推进服务创新，提升乘客的获得感。

2017 年 12 月，“巴黎—上海车站中的生活”摄影作品展亮相南京东路站“地铁之窗”文化长廊

2018 年 11 月份，首个以进口为主题的国家级博览会中国国际进口博览会将在上海举办。其间，上海地铁将承担观展大客流的运送和疏散工作。此次进口博览会的保障规格和安保等级高，对运营安全、运能运力、站车环境、窗口服务等提出了高要求。俞光耀表示，上海地铁提出了“安全第一、运力充分、保障有力、服务优良”的工作目标，

提前准备，精细组织，加大装备和人员力量投入，全力以赴做好进博会服务保障，努力展现上海窗口新形象。

上海申通地铁集团有限公司维保通号检修工正在进行转辙机维护作业

（原载《新华每日电讯》2018 年 7 月 22 日）

用25年走向全球第一　上海地铁开启智能地铁新征程

东方网　王佳妮

17条线路，673公里总里程，每天超过1000万人次的客流量……上海轨交的路网规模目前已达到世界第一。2018年年底，上海轨交运营总里程还将突破700公里。

新时代新征程，上海地铁又将焕发哪些新的活力？在近日举办的“改革开放再出发　新征程上铸品牌——2018‘对话上海国企领导’全媒体大型访谈”活动中，上海申通地铁集团党委书记、董事长俞光耀表示，上海申通地铁将在以安全为本的基础上，建设形成一个高效决策的地铁“数据大脑”和互联互通、信息共享的“神经”系统，全力打造智能化、数字化地铁，开启智能地铁新征程。

2018年3月，由上海申通地铁集团有限公司投资建设的上海首条胶轮路轨全自动无人驾驶APM线（旅客自动运输系统）——浦江线试运行

从96辆到5000辆上海地铁网络规模全球第一

2018年是改革开放40周年，同时也是上海地铁走过的第25个年头。俞光耀介绍，1993年首条上海地铁1号线南段通车试运行，实现了上海地铁建设与运营零的突破，之后的短短20多年，上海地铁走过了发达国家地铁100多年的发展历程。目前，上海地

铁网络规模位居全球第一，进站客流排名全球第二，运营效率和质量、客运分担率、科技创新能力等关键核心指标处于行业前列。根据国际地铁协会的数据显示，近几年来，上海地铁的主要运营指标均持续快速提升。

7月19日，伴随着一列身着翠绿色色标腰带的上海地铁2号线最新型号列车在轨道交通北翟路停车场亮相，上海地铁车辆正式进入了5000辆规模新时代。回溯历史，1995年，1号线的首批16列共计96辆列车齐聚亮相；2007年，本市地铁列车的保有量突破1000辆；至2009年底，列车保有量翻一番，达到2000辆；2012年夏天，上海地铁又迎来了第3000辆列车；2016年年底，第4000辆列车落户9号线三期，列车配属数量持续刷新纪录。

对上海地铁而言，这不仅仅是数字上的增量。25年里，上海地铁列车迭代更新，从最初的依赖全进口到如今的全面国产化，从第一代的直流传动列车，过渡到第二代交流传动列车，从第三代的节能绿色环保列车，进化到第四代的智能化列车，上海地铁列车正朝着科技化、国产化、标准化和智能化的目标继续不断进步和发展。俞光耀介绍，2019年上海地铁还将突破6000辆列车，2020年或将再突破7000辆列车。

俞光耀还表示，上海地铁未来还要在以下四个方面持续发力：一是打造安全高效的地铁网络，牢把建设安全风险关，确保运营安全受控；二是建设智慧地铁，不断加快互联网、物联网、大数据、云计算、人工智能等先进技术在地铁运营全过程的应用；三是人才强企，培养一支与超大规模网络相适应的人才队伍；四是创新“地铁安全、社会共治”的城市安全管理新模式。

2018年1月，上海申通地铁集团有限公司投资建设的上海地铁全网络试行基于Metro大都会APP的“地铁快付”系统刷码进出闸机

打造人性化服务增能提效提升百姓获得感

除了硬件上的飞速发展，上海地铁的软实力也与日俱增。

“上海地铁近年来着力打造人性化的服务，为的就是让市民乘客有更多的获得感”，俞光耀介绍，人性化服务中首先就是上海地铁的“增能提效”，“我们在6号线、7号线、9号线等多条线路上先后实施增能。未来，上海地铁的运营效率将进一步提高。预计2018年年底，中心城区地铁线路达到平均间隔3分钟，2020年达到平均间隔150秒”。

俞光耀还特别提到，2号线广兰路站至浦东机场方向的列车4节编组改为8节编组的项目正在调试中。目前，2号线川沙停车场已完成改造，具备停放8节编组列车的能力。到2018年年底，伴随车站改造，列车、供电系统、信号系统的调试工作也将先后完成。届时，2号线全线计划实现8节编组列车贯通运营，广兰路到浦东国际机场站将实现4/8节编组列车混跑，2019年有望全部开行8节编组列车。

此外，延时运营也是上海地铁2017年推出的一大人性化服务举措。2017年4月28日起，上海地铁6条线开始进行延时运行，平均延时83分钟，最长105分钟，最少75分钟。这一举措在方便乘客出行的同时，也进一步拉动了城市经济。

2018年11月，首个以进口为主题的国家级博览会中国国际进口博览会将在上海举办，是我国主动向世界开放市场的重大举措，各国（地区）报名十分踊跃。此次中国国际进口博览会期间，上海地铁承担观展大客流的运送和疏散工作。此次进口博览会的保障规格和安保等级高，对运营安全、运能运力、站车环境、窗口服务等提出了高要求。俞光耀表示，已经提出了“安全第一、运力充分、保障有力、服务优良”的工作目标，上海地铁提前准备，精细组织，加大装备和人员力量投入，全力以赴做好进博会服务保障，努力展现上海窗口新形象。

（原载东方网2018年7月18日，
网址：http://sh.eastday.com/m/20180723/u1ai11653780.html）

上海国际集团

2018 年 7 月 24 日，上海国际集团有限公司党委副书记、总裁傅帆做客访谈

企业介绍

上海国际集团有限公司（简称上海国际集团）成立于 2000 年 4 月 20 日，注册资本 105.6 亿元人民币，为上海市属国有独资企业，其前身上海市投资信托公司成立于 1981 年，是上海最早的对外窗口。近年来，上海国际集团积极把握改革开放和城市发展机遇，主动服务国家和上海重大战略任务，聚焦国有资本运营、股权投资管理、金融要素市场、产业基金投资等四大业务板块，积极发挥国有资本流动、控制和配置功能，着力提升国有资产投资管理竞争能力，努力打造以国有资本运营和投资管理“双轮驱动”为核心的国有资本市场化运作的专业平台。截至 2018 年末，上海国际集团合并报表总资产 2119.02 亿元，净资产 1495.88 亿元。

目前，上海国际集团持有浦发银行、国泰君安、上海农商银行等地方重点金融机构股权，主导发起了科创、国方、赛领、金浦、国和等产业投资基金，积极参与了上海保交所等全国性金融要素市场建设，还持有上港集团等产业集团的部分股权。上海国际集团持有的上海市属金融机构国有权益总量占全市的比重超过60%，是上海国有资本管理运作和金融投资控股的重要机构。

未来，上海国际集团将坚持以习近平新时代中国特色社会主义思想为指导，在市委、市政府的坚强领导下，深化拓展国有资本运营和投资管理“双轮驱动”战略，努力成为服务上海金融发展战略、国资国企改革，具有国际视野和竞争力的资本运营及投资管理领先企业。

更高层面、更深层次谋划国有资本运营

——上海国际集团高效运营国有资本，服务国家战略在上海落地实施

新华社 姚玉洁

“深化国有资本投资、运营公司等改革试点，赋予更多自主权”，这是2018年全国“两会”政府工作报告提出的要求。作为国内率先试点国资投资运营公司的区域，上海2014年即确定上海国际集团、国盛集团为两大国资流动平台。其中，战略持有浦发银行、国泰君安等优质资源的金融国资平台上海国际集团，在上海国际金融中心建设及新一轮金融对外开放进程中备受瞩目。

“必须从更高层面、更深层次谋划和思考国有资本运营业务，进一步深化国有资本运营平台功能，探索国有资本授权经营体制改革，提升国有资本运营能级。”上海国际集团党委副书记、总裁傅帆24日在参加“改革开放再出发 新征程上铸品牌——2018‘对话上海国企领导’全媒体大型访谈”活动时说。

傅帆表示，本轮国资国企改革、国资管理最大的变化，就是从穿透式、事无巨细的“管人管事管资产”模式，转向借助于法人治理结构的管资本。而诞生于本轮改革之初的国资运营平台，正是此次管理模式转变的探索者和实践者。

聚焦国际金融中心建设

上海作为全球金融市场体系最完备、最集中的城市之一，集聚了包括股票、债券、外汇、票据、保险等各类全国性金融要素市场。近年来，上海国际集团发挥地方金融国资平台功能，坚持“不求所有、但求所在”的原则，全力支持各类全国性要素市场落户上海，助推金融基础设施建设，包括参与筹建上海保险交易所，参与发起设立上海票据交易所，参与跨境银行间支付清算公司增资扩股，支持上海股权托管交易中心创新发展等，多个要素市场填补了国内空白，增强了上海国际金融中心的话语权和定价权。

“上海国际集团作为金融国资平台，一直致力于推动上海核心金融机构的发展，促进上海各类要素市场的建设，提升上海国际金融中心建设的能级。”傅帆说。

近两年，上海国际集团先后对浦发银行、国泰君安等进行资本补充，提高抗风险能力：包括出资148.3亿元参与浦发银行定向增发，支持浦发银行发行不超过500亿元可转换债券，增强资本实力和风险抵御能力；上海国际集团帮助国泰君安顺利解决“一参一控”问题，先后在上交所和港交所顺利上市；指导和支持上海农商行完善下属村镇银

行的不良贷款债权重组与增资方案，协助其启动并完成定向募股工作，全力支持农商行资本补充和 IPO 工作。

随着中国金融市场开放步伐进一步加快、“上海扩大开放 100 条”等举措加速落地，上海金融业的对外开放进入加速跑。傅帆认为，新的历史阶段，来自外资参股甚至控股的金融集团的竞争将倒逼国内金融机构自身的改革，提升其综合能力，增加国内资本市场的活力。“作为金融国资平台，国际集团聚焦国际金融中心建设，发挥金融投资优势，以创新和务实举措，服务国家对外开放战略，支持金融业改革开放。”

上海国际集团出资参与筹建上海票据交易所，该所于 2016 年底正式开业运营，是目前国内唯一的票据交易所

设立上海科创中心股权投资基金，首期募资 65.2 亿元

服务上海全球科创中心建设，进一步完善科技创新投融资体系，上海国际集团牵头联合国盛集团、上港集团、国泰君安、上海信托、张江高科等产业集团和金融机构，于 2017 年 9 月共同发起设立了上海科创中心股权投资基金，首期募资 65.2 亿元人民币。

作为第一支以“科创中心”这一国家战略命名的股权投资基金，上海科创基金围绕上海“科创中心建设 22 条意见”，聚焦上海重大创新功能型平台、重大战略项目和重要承载区，重点投向信息技术、生物医药、先进制造、环保新能源等战略性新兴产业。上海国际集团作为科创基金管理公司的大股东，帮助其组建市场化、专业化的管理团队，建立规范化的制度体系，协助其储备潜在的子基金投资项目。截至 2018 年 6 月末，科创基金完成 9 个子基金的投资决策，共承诺出资 12.7 亿元，可带动子基金投资 114 亿元，进而有望带动 5 至 10 倍社会资本投资上海科创项目。

撬动千亿级的社会资本集聚长三角

推动长三角地区更高质量一体化发展，上海国际集团也有新作为。2018 年 6 月 1 日，在上海举行的长三角地区主要领导座谈会上，上海国际集团牵头发起的长三角协同优势产业基金签署投资意向协议。基金总规模 1000 亿元，首期 100 亿元，将以母基金为载体，撬动千亿级的社会资本集聚长三角，推动长三角产业链深度融合，加快形成面向未来的优势产业集群，提升区域的国际竞争力。

“实现一体化发展，需要一体化的资本。”傅帆说，长三角协同优势产业基金一期将聚焦生物技术、物联网、人工智能三大产业，采用“442”的投资策略。其中，募集资金的 40% 将投资于“硬科技”子基金，在全国范围内遴选顶尖的基金管理人；另外 40% 的资金用于“完善产业链”子基金，发起成立若干个专项并购基金，围绕长三角优势产业进行产业链整合、加速弥补产业链短板，推动产业转型升级；剩余的 20% 资金将采用直投的方式，聚焦优势产业链中的“明星项目”，打造世界级的优质企业。

傅帆表示，主动服务国家和上海重大发展战略，服务上海国资国企改革，服务金融国资布局优化，上海国际集团发挥旗下产业基金的独特优势，打造一批服务重大发展战略的实施载体。上海国际集团主导发起或积极参与了上海科创基金、长三角协同优势产业基金、上海国改基金、上海军民融合产业基金、自贸区基金等。通过产业基金的形式高效运营国有资本，引领更多的社会资本“脱虚向实”，支持国家战略在上海的落地和实施。

（原载《新华每日电讯》2018 年 7 月 25 日）

国资运营+投资管理“双轮驱动” 解读上海国际集团的基金秘笈

东方网 柏可林

南浦大桥、延安东路隧道、虹桥机场、轨道及磁浮交通、高速路网、洋山深水港……20世纪80年代以来，这些上海的重大市政项目背后，都有上海国际集团的身影。目前，上海正处于改革开放再出发的新时期，上海国际集团在助力城市建设方面有哪些规划？

7月24日，上海国际集团党委副书记、总裁傅帆在“改革开放再出发 新征程上铸品牌——2018‘对话上海国企领导’全媒体大型访谈”活动现场表示，上海国际集团主导发起或积极参与了上海科创基金、长三角协同优势产业基金、赛领基金、上海国改基金、上海军民融合产业基金、自贸区基金等，通过产业基金的形式高效运营国有资本，引领更多的社会资本“脱虚向实”，支持国家战略在上海的落地和实施。

上海国际集团支持下属国际资管公司依托产业基金运作优势，联合其他战略合作伙伴成立上海国资体系内第一家完全市场化运营的母基金管理平台

上海科创中心股权投资基金：首期65.2亿元已全部认缴

为更好服务上海科创中心建设，进一步完善科技创新投融资体系，2017年9月，上海国际集团牵头联合国盛集团、上港集团、国泰君安、上海信托、张江高科等产业集团和金融机构，共同发起设立了上海科创中心股权投资基金，这是第一支以“科创中心”这一国家战略命名的股权投资基金。

不到一年时间，基金首期募资已经全部认缴。傅帆在访谈中透露，目前，科创基金管理公司已获得基金业协会基金管理人资格，一期基金也已完成募资及合伙协议的签署，“首期65.2亿元已全部认缴”。截至2018年6月末，科创基金共完成9个子基金的投资决策，承诺出资12.7亿元，可带动子基金投资114亿元，并吸引更多社会资本投资科创项目。

上海国际集团作为科创基金管理公司的大股东，帮助其组建市场化、专业化的管理团队，建立规范化的制度体系，协助其储备潜在的子基金投资项目。傅帆表示，未来，科创基金将继续着力加强与科技部、中科院等引导基金的联动，与上海推进科创中心建设办公室、科创承载区的联动，与上海龙头企业、功能型平台、国际领先的科技公司及投资基金的联动，聚焦上海重大创新功能型平台、重大战略项目和重要承载区，重点投向信息技术、生物医药、先进制造、环保新能源等战略性新兴产业。

长三角协同优势产业基金：撬动千亿级社会资本集聚长三角

长三角区域是我国市场经济最为活跃、实体产业链最为完备的地区之一，长三角一体化发展将进入全面加速阶段，而要打造面向未来的优势产业集群，实现一体化发展，就需要一体化的资本。在此背景下，前不久，上海国际集团以市场化方式，发挥产业基金对人才、技术、资本等创新要素的高效配置能力，以及对资本的引领和放大作用，发起设立长三角协同优势产业基金。

“长三角基金首期募资100亿元，计划总规模1000亿元，将以母基金为载体，撬动千亿级社会资本集聚长三角，推动长三角产业链深度融合，提升长三角地区的国际竞争力。”傅帆在访谈中提及了长三角基金的功能定位：“长三角基金将充分发挥母基金的二次放大效应，集聚社会资本，促进产融结合，助推长三角地区协调一体化发展。”

那么，长三角基金在投资领域有何规划？傅帆表示，“未来长三角协同优势产业基金一期将聚焦生物技术、物联网、人工智能三大产业，采用‘442’的投资策略。”所谓“442”投资策略，是指募集资金的40%将投资于“硬科技”子基金，40%的资金用于

“完善产业链”子基金，剩下的 20% 资金将采用直投的方式，聚焦优势产业链中的“明星项目”，打造世界级的优质企业。

上海科创中心股权投资基金管理有限公司成立仪式

赛领国际投资基金：金融资本对接“一带一路”建设

“一带一路”是我国构建新一轮高水平对外开放格局的重要突破口，也是促进国际经贸往来和跨国投资的新途径。在服务“一带一路”建设方面，上海国际集团始终努力寻求金融资本的有效对接。2012 年 2 月，上海国际集团作为主发起人，联合相关投资人，共同发起成立了国内最大的人民币国际投贷基金——赛领国际投资基金，聚焦“一带一路”建设，重点关注全球前沿科技领域。

傅帆介绍，自 2013 年 8 月以来，赛领基金凭借境内外联动的运作特色和市场化管理机制，先后完成高新技术、医疗健康、消费升级等领域 22 个跨境投资项目，投资总金额达到 56.8 亿元人民币，已投资的以色列 Mobileye、香港商汤科技等项目都取得了良好的经济效益和产业带动效应。

据统计，截至 2018 年 3 月，赛领基金的海外投资主体——开曼赛领基金的投资组合年化收益率达到 33.3%。“就在最近，赛领基金正在发起设立总规模 300 亿元人民币的二期基金，吸引了包括中国投资公司、中国国企结构调整基金、工商银行等大型机构参与。”傅帆说。

（原载东方网 2018 年 7 月 24 日，
网址：http://sh.eastday.com/m/20180724/u1ai11658672.html）

科创投集团

2018 年 7 月 26 日，上海科技创业投资（集团）有限公司党委书记、总经理沈伟国做客访谈

企业介绍

上海科技创业投资（集团）有限公司（以下简称科创投集团）是一家以推进创新创业为主要功能的国有独资科创投资企业。科创投集团成立于 2014 年 8 月，当时经上海市政府批准，由上海科技投资公司（成立于 1992 年）与上海创业投资有限公司（成立于 1999 年）经战略重组而成。重组后的科创投集团注册资本 16.9 亿元，管理资产近 500 亿元，拥有基金管理平台、项目出资平台、科技金融平台和风险投资平台四大功能平台。科创投集团是上海乃至全国历史最长、规模最大、功能最全的国有创业投资机构之一，也是上海建设具有全球影响力科技创新中心的重要实施主体之一。

科创投集团受托管理上海创业投资引导基金、上海集成电路产业投资基金、上海知识产权扶持基金，发挥政府资金的杠杆放大作用，引导、撬动社会资本投入战略性新兴产业。其中，上海市创业投资引导基金，规模88亿元，累计对60只基金承诺出资，参股基金总规模近534亿元，参股基金投资项目近700个，共创造就业11.39万人次，累计取得创新成果14 741项，获得国家和省级成果奖项97项，共培育上市企业17家，新三板挂牌企业105家；上海集成电路产业投资基金规模285亿元，专注于上海市集成电路产业投资，投资了华力微电子、华力集成电路制造、和辉光电等企业，支持上海集成电路制造业企业提高技术能力、发展先进工艺、提升产能。上海知识产权扶持基金规模2亿元，围绕信息技术等产业领域的知识产权运营、成果转化及相关项目孵化开展投资，投资了七牛云等优质项目。

作为政府重大项目出资平台，科创投集团负责管理上海市“科教兴市重大科技攻关”项目30亿元专项资金和总额超过10亿元的政府专项，承担了其中34个涉及国家战略新兴产业的重大项目的投资、管理工作。目前，28个项目已通过政府验收，占比82.3%，回收资金22亿元，对提升上海自主创新能力起到良好带动作用。

科创投集团致力于为创新创业企业打造全功能形式、全生命周期的科技金融服务平台，管理市财政设立的“三个10亿元”融资担保专项资金，投资参股商业性融资担保机构，累计参股9家担保公司，并以自有资金投资了2家小贷公司、1家商业保理公司，设立了国家863软件孵化器（上海）基地。2017年，科技金融融资服务为1266家中小微企业提供贷款、贷款担保，融资金额129.4亿元，有效缓解了小微企业融资难题。

此外，科创投集团充分发挥国有创投企业的示范、引领作用，利用自有资金，通过市场化方式投资具有发展潜力和市场前景的早中期科技中小型企业，推进科技成果产业化，取得良好社会和经济效应。

构建全生命周期全功能形式投融资平台

——上海科创投培育科技型中小企业，推进上海战略性新兴产业转型升级

新华社 周 琳

受托管理的上海创业投资引导基金已认缴出资89亿元，基金总募集规模464亿元，财政资金杠杆倍数近6倍；参股基金投资企业超700家，其中战略性新兴产业项目占98%，早期及早中期企业占89%；被投企业共实现销售1365亿元，新增专利1.01万个，产出创新成果15 994项。

这组数据背后，是上海科技创业投资（集团）有限公司作为政府功能性资金的出资载体、科技型中小企业的培育平台、国资市场化运作的专业机构，在双创领域的长期布局。

7月26日，在上海举办的“改革开放再出发 新征程上铸品牌——2018‘对话上海国企领导’全媒体大型访谈”活动中，科创投集团党委书记、总经理沈伟国说，“科创投集团希望构建推进上海创新创业全生命周期、全功能形式的投融资平台，借以培育科技型中小企业和推进上海战略性新兴产业转型升级”。

具体而言，一是构建了政府基金投资管理平台。一方面推动社会资本参与创新创业，另一方面又聚焦重点产业发展，同时还不遗余力推动科技成果转化。

二是构建了政府战略性新兴项目出资管理平台。投资的多个项目取得重大进展：上海微电子装备公司成为国内唯一、世界第四家具备高端光刻机系统设计与集成的高科技公司；上海中微半导体公司研发生产的集成电路设备进入国内外先进制造生产线，实现了我国在该领域的创新与突破；盛美半导体设备公司2017年在美国纳斯达克成功上市；……

三是构建了创新创业风险投资平台。沈伟国说，国有创投企业的直接投资始终围绕政府的战略导向展开，如聚焦政府发展生物医药产业战略，装备制造、振兴实体经济战略等。

四是构建了科技金融服务平台。科创投集团为创新创业企业打造了全功能形式、全生命周期的科技金融服务大平台，通过探索科技金融的新形式，形成助推“大众创业、万众创新”的“投资、贷款、担保、服务”联动机制。

2017 年，上海科技创业投资（集团）有限公司投资的盛美半导体设备（上海）有限公司在美国纳斯达克成功 IPO 上市

而在这一过程中，作为投资机构，上海科创投集团不仅成了培育品牌的“加速器”，同时还打响了自有品牌的美誉度。“未来，我们将孵化更多品牌。”沈伟国说，要进一步发挥国有功能性创投企业的平台作用、引导作用、示范作用，吸引和集聚更多的社会力量、社会资本和投资团队，来参与上海的品牌打造，形成孵化品牌的“流水线”和“加工厂”。

提供“上海服务”，助力“上海制造”，上海打响“四大品牌”，投资机构是其中重要的一环。如果说“四大品牌”是构筑上海未来战略优势的“梯子”，那么投资机构就是“扶梯子的人”，让每一个创新创业者走得更加稳健。

沈伟国表示，下一步科创投集团还是要聚焦国家战略，发挥国有创投的“示范”作用，更好地支持重点战新领域企业的发展；聚焦新技术和新产业发展，围绕 5G、AI、新能源汽车等新技术、新领域和新兴产业，加大布局力度；聚焦产业链和平台的联动，推进创投企业、投资项目间信息交流、业务协同、投资联动与资源共享；聚焦改革创新发展，集团将有步骤、有计划地推进集团的市场化改革；聚焦老百姓关心的民生领域，例如生物医药等领域。

沈伟国表示，作为国有创投企业，将继续坚持投向早中期项目，坚持投向战略性新兴产业，坚持发挥国有功能性创投企业平台作用，坚持服务科技中小企业成长。

（原载《新华每日电讯》2018 年 7 月 27 日）

上海科创投集团沈伟国：初心不变　加快培养创新品牌企业

东方网　解　敏

“我们选投资项目的时候，行业是考察阶段最看重的，我们只投资高科技或新兴领域、代表先进生产力的项目，这是第一铁律。此外，我们的名字里有‘科技’二字，因此，在遴选项目的时候，团队是否掌握先进的技术，是否能够围绕技术打造强大的产品，形成公司独特的竞争能力，这也是我们非常看重的因素之一。”7 月 26 日，上海科技创业投资（集团）有限公司党委书记、总经理沈伟国在“改革开放再出发　新征程上铸品牌——2018‘对话上海国企领导’全媒体大型访谈”活动现场如是说。

成立于 2014 年的科创投集团可以说是对标科创中心建设而“天造地设”的，主要业务囊括政府引导基金和专业产业基金的管理平台、战新项目的投资平台、直接投资的平台和科技金融的服务平台，目前投资培育的创投基金超过了 100 家，投资的科技型创新创业企业超过 1000 家，服务的科技型企业超过 10 000 家。

布局战略性新兴产业投融资平台大有可为

科创中心建设需要科创投集团这样的政府战略性新兴产业投融资平台在其中发挥更大的作用。沈伟国认为，作为国有创投企业，应该在发挥好自己的功能的同时，通过改革解决自身的体制机制问题，从而在激烈的市场竞争中不断发展壮大。

在这一过程中，如何能够有效地促进战略性新兴产业的转型升级是一大挑战。近期上映的电影《我不是药神》口碑火爆，其中讲到了天价抗癌药这个概念，反映的问题是当前大部分新药均是由国外企业研发。沈伟国在访谈现场给出了一组数据，目前，国际一线的大型药厂，平均研发费用每年基本上在 50 亿美元，排名第一的罗氏，2017 年大概花了 115 亿美元，而中国最大的药厂 2017 年的研发费用大概在 20 亿人民币，不到 3 亿美元左右。

值得欣喜的是，中国在新药研发领域已经开始发力。以科创投集团为例，目前已经在新药领域做了一些布局，并已取得一定进展，以战新专项支持的上海复旦海泰生物技术有限公司研发的乙肝治疗性疫苗“乙克”已进入Ⅲ b 期临床试验阶段；支持的上海泽生科技开发有限公司研发的抗心力衰竭创新药物“重组人纽兰格林”，在全国近 50 家研究中心开展了针对特定受试人群的生存率试验的Ⅲ期 305 试验，共有 679 例病例入组。

同时，沈伟国也表示，作为国有创投企业，对这些战略性、基础性的行业和领域的投入，还必须进一步加大。

盛美半导体设备（上海）有限公司兆声波清洗设备调试车间

重点投资集成电路产业初现成效

2018 年，上海市委市政府提出打响“四大品牌”总体战略，沈伟国认为，这与科创中心建设总体战略是一脉相承的。因为，打响上海“四大品牌”的过程，其实就是吸引更多优质创新资源要素加速集聚、加速发生质变的过程，就是加快推进科创中心建设进程的过程。从国际上来看，任何一个科创中心都是有自己的品牌作为支撑和载体。上海为推进打响“四大品牌”，出台了不少相关优惠政策，如 2018 年出台的人才高峰政策等，这也使得科创投投资的很多企业都受惠其中，并将在政府相关政策的支持下成长得更快。因此，打响“四大品牌”也让科创投集团的任务更加明确，那就是加快培养更多的创新品牌企业。

科创投集团一直把集成电路产业投资作为最重要的投资方向，同时也是上海集成电路产业投资基金的管理者。集成电路是关系到国家信息安全的基础性产业，历来是上海市重点发展的战略性新兴产业，科创投集团一直把集成电路作为集团最重要的投资方向之一，并已初现成效。

沈伟国表示，按照上海集成电路产业的发展战略，科创投集团以直接投资、基金投资、政府专项资金投资、自有资金投资等多种方式、多重渠道对集成电路的全产业链进

行了系统性和基础性布局，打造了一批具有鲜明特色的“上海制造”品牌企业。以自有资金投资为例，科创投集团专注于真正具有原创技术创新的早中期项目投资。先后投资了从事数字电视芯片设计的上海高清，从事集成电路材料研发的上海新傲科技，从事集成电路设备研发的中微半导体、盛美半导体设备、上海微电子装备等企业，从事手机芯片设计的展讯科技和上海联芯科技，从事 MCU 芯片设计的上海晟矽微电子等项目。目前，已投资各类集成电路企业近 50 家，形成包括设计、装备、制造、材料等几乎涵盖全产业链的投资组合。

随着科创中心和打响“四大品牌”总体战略的深入实施，未来政府对投资平台的要求和目标也会不断改变。但沈伟国表示，科创投集团坚持投向早中期项目、坚持投向战略性新兴产业、坚持发挥国有功能性创投企业平台作用、坚持服务科技中小企业成长的初心不会改变。

（原载东方网 2018 年 7 月 27 日，
网址：http://sh.eastday.com/m/20180727/u1ai11666446.html）

上海电气

2018 年 8 月 2 日，上海电气集团股份有限公司党委书记、董事长郑建华做客访谈

企业介绍

上海电气集团股份有限公司（以下简称上海电气）是一家大型综合性装备制造集团，主导产业聚焦能源装备、工业装备、集成服务三大领域，致力于为客户提供绿色、环保、智能、互联于一体的技术集成和系统解决方案。产品包括火力发电机组（煤电、气电）、核电机组、风力发电设备、输配电设备、环保设备、自动化设备、电梯、轨道交通和机床等。改革开放以来，上海电气诞生了一大批世界领先的创新产品，如首套百万千瓦超超临界燃煤发电机组、三代四代核电核岛和常规岛主设备、大型海上风电设备、西气东输的高频电动机等。近年来上海电气营业收入保持在 900 亿元左右。

作为中国工业的领导品牌，上海电气的历史最早可以追溯到 1902 年，创造了中国与世界众多第一。上海电气品牌在国际和国内多个榜单中名列前茅，荣获中国工业领域最高奖项——中国工业大奖，入选2017年《全球制造500强》、《财富》中国500强、ENR全球最大250强国际承包商排名全球第141位。2018年品牌价值705.68亿元，位列行业前二。

中国高端装备制造领先品牌

——上海电气集团以四个“走出去”推进国际化进程

新华社 陆文军 王默玲

“上海电气将以战略为导向，以装备为根本，以创新为引领，以全球为视野，以改革为动力，以质量为基石，以品牌为形象，把上海电气打造成中国高端装备制造领先品牌，争当打响‘上海制造’品牌的领头羊。”上海电气党委书记、董事长郑建华在参加“改革开放再出发 新征程上铸品牌——2018‘对话上海国企领导’全媒体大型访谈”活动时说。

放眼全球，上海电气目前有24家海外企业，181亿元海外资产，占上海电气比重8%，140亿元海外销售，占上海电气比重14%。2018年4月13日，沙特国际电力和水务公司（ACWA Power）和上海电气在上海签署了迪拜光热项目EPC（工程总承包合同）。

目标打造中国高端装备制造“领头羊”的上海电气，在推进国际化进程中，提出了四个“走出去”的全球化布局。

发展海外工程业务，带动装备“走出去”。利用产融结合优势，通过拓展电站、输配电、环保等领域的成套工程业务，带动设备“走出去”。截至2018年7月，上海电气海外工程遍布全球30多个国家和地区，已承接EPC项目90余个，带动三分之一产能走向海外。

开展海外兼并收购，实现资本“走出去”。探索海外并购，整合全球产业链，带来发展新动能。上海电气已在国外收购意大利安萨尔多、荷兰内德史罗夫、德国曼兹、德国宝尔捷等公司，未来仍将继续通过海外并购获取核心产品和技术，迅速形成自身能力，拓展国内外市场。加大海外当地建厂，实现产能“走出去”。

整合全球创新资源，加速研发“走出去”。上海电气2018年重点在硅谷、以色列、日本与当地最好的风投机构合作，每年投资10亿元获取全球最先进的、符合上海电气战略的前瞻性和颠覆性技术；在海外设立研发机构，空调压缩机业务、环保业务已在欧洲设立研发中心，风电研发中心正在设立过程中。

“长三角具有很强的区位优势、产业链互补优势和成本优势，成为集团产能转移和产业合作的首选。”郑建华说。上海电气通过主机厂与核心供应商互相参股的合作模式，实现非核心制造部分转移，建立长三角产能合作新模式；通过兼并收购符合上海电气发展战略与未来发展趋势的企业，助推上海电气产业结构新升级；通过与长三角各省市政府签订战略合作协议，在产能“走出去”过程中为当地经济和社会发展作出新贡献，实现长三角市场新拓展；整合长三角技术创新新资源，实现集团技术创新新布局，发挥长三角协同创新效应。

郑建华表示，打造中国“高端制造”品牌既是市委市政府对上海电气的要求，又是上海电气自身转型发展的迫切需要。上海电气将高标准、高要求实施企业“三步走”战略，聚焦国家战略高质量发展装备主业，加快成为国际化的跨国企业集团。

2018 年 4 月，上海电气集团股份有限公司“华龙一号”核电机组核岛主设备福清 5 号机组堆内构件正式发运

（原载《新华每日电讯》2018 年 8 月 3 日）

上海电气：沙漠里的绿色工程打响“上海制造”品牌

东方网　邱恒元

中国第一套火力发电机组、第一台万吨水压机、第一套核电机组……这些中国装备制造的众多“第一”都诞生于这家企业——上海电气。如今，目标打造中国高端装备制造“领头羊”的上海电气，在推进国际化进程中，提出了四个“走出去”的全球化布局。

上海电气最近有点“红”。由上海电气总承包的迪拜光热项目，被作为“高新领域合作逐步兴起”的案例，被国家主席习近平在出访阿联酋前撰写的署名文章中“点名”。上海电气党委书记、董事长郑建华在日前参加“改革开放再出发　新征程上铸品牌——2018‘对话上海国企领导’全媒体大型访谈”活动时表示，这一项目是上海电气践行“一带一路”所取得的重大成果，“对上海电气进一步开拓海外高端市场，加强装备技术能力建设、转型发展和国际化能力提升等具有重大的战略意义”。

2018 年 5 月，上海电气集团股份有限公司“华龙一号”海外首堆卡拉奇 2 号堆内构件相继发运

迪拜光热发电项目总装机容量 700 MW，首台塔式机组和首台槽式机组计划于迪拜

世博会投运。郑建华透露，目前该项目的设计和前期勘察等准备工作已全面启动。

上海电气“走出去”的背后，既有“技术不求为我所有，但求为我所用”的技术发展理念，又有推进国企改革、加快体制机制创新的积极探索。

郑建华说，上海电气目前已在国外收购意大利安萨尔多、荷兰内德史罗夫、德国曼兹、德国宝尔捷等公司，2018 年还重点在硅谷、以色列、日本与当地最好的风投机构合作，每年投资 10 亿元获取全球最先进的、符合上海电气战略的前瞻性和颠覆性技术。其中，空调压缩机业务、环保业务已在欧洲设立研发中心，风电研发中心也正在设立过程中。

发展海外工程业务，带动装备“走出去”；开展海外兼并收购，实现资本“走出去”；加大海外当地建厂，实现产能“走出去”；整合全球创新资源，加速研发“走出去”。放眼全球，上海电气已拥有 24 家海外企业，181 亿元海外资产，海外销售达 140 亿元，占上海电气比重 14%。根据规划，到 2023 年，上海电气海外营业收入占上海电气比重将达 30% 以上。

对于未来，郑建华充满信心地表示，上海电气将以战略为导向，以装备为根本，以创新为引领，以全球为视野，以改革为动力，以质量为基石，以品牌为形象，打造中国高端装备制造领先品牌，争当打响“上海制造”品牌的领头羊。

（原载东方网 2018 年 8 月 7 日，
网址：http://finance.eastday.com/m/20180807/u1ai11926399.html）

上海农商银行

2018年8月2日，上海农村商业银行股份有限公司党委副书记、行长徐力做客访谈

企业介绍

上海农村商业银行股份有限公司（以下简称上海农商银行）成立于2005年8月25日，是由国资控股、总部设在上海的法人银行，是全国首家在农信基础上改制成立的省级股份制商业银行。目前注册资本为86.8亿元人民币，营业网点近380家，员工总数超6000人。

围绕上海新三大任务、“五个中心”以及“四大品牌”建设，上海农商银行，坚持以客户为中心，深入推进经营转型，以创新的金融产品服务目标客户，以高效的流程管理改善客户体验，全面提升客户服务能力，全力打造服务型银行，力争成为扎根本地、服务高效的上市公众银行。

在英国《银行家》公布的“2019年全球银行1000强”榜单中，上海农商银行位居全球银行业第156位，比2018年上升22位，在国内商业银行中排名第24位；在“2019年全球银行品牌价值500强”排名中排名第191位，比2018年上升32位；在中国银行业协会发布的“陀螺”评价体系中，位列国内农商银行第2位；标普长期主体信用评级“BBB”，展望稳定，短期主体信用评级从“A—3”上调至“A—2”。

三把"亮剑"，全力打造服务型银行

——上海农商银行聚焦小微、科创、"三农"，丰富"上海服务"品牌内涵

新华社　桑　彤　王默玲

资产规模已近8000亿元，各项存款近6000亿元，各项贷款近4000亿元，机构网点近400家，员工总数超过6000人……这组数据的背后是一家市场份额稳步提升、盈利能力持续增强、不良率继续走低的上海本土银行——上海农商银行。

自2005年改制以来，经过十多年的发展，上海农商银行整体态势良好，"这得益于我行始终坚持立足上海市场，围绕'五个中心'和'四大品牌'建设，积极助力打造上海国际金融中心、具有全球影响力的科创中心，服务实体经济、践行普惠金融，同时为长三角一体化战略发挥作用"。上海农商银行党委副书记、行长徐力8月2日在参加"改革开放再出发　新征程上铸品牌——2018'对话上海国企领导'全媒体大型访谈"活动时说。

徐力表示，上海农商银行并不一味追求资产规模的增加，而是致力于做一家"小而美"的有鲜明业务经营特色的本地银行，小微、科创、"三农"是上海农商银行的三把"亮剑"，未来也会一直坚持这一定位，努力丰富"上海服务"品牌的内涵，增强对上海提升城市核心功能的金融支撑能力。

以服务小微企业成长为已任。截至2018年6月末，上海农商银行国标小微企业贷款余额达到1300亿元，在上海市全部中外资法人银行中位列第一，服务企业客户数10 000多户，同时合理控制小微企业贷款资产质量水平和贷款综合成本。

以助力上海科创中心建设为重点。创新驱动已成为国家发展的重要战略，上海肩负着系统推进全面创新改革试验、加快建设具有全球影响力的科创中心的历史使命。早在2012年，上海农商银行就在张江核心园区设立上海市首家科技支行——张江科技支行，构建了以科技支行为龙头、30家科技金融服务特色支行为支撑的专营体系，切实服务张江高新"一区多园"科技型企业。截至2018年6月末，张江科技支行科技贷款余额逾36亿元。

2018年，上海农商银行在国家双创基地之一的杨浦区成立科创特色支行，旨在打造"2+N"科技金融服务布局，进一步完善科技金融服务体系。截至2018年6月末，上海农商银行科技型企业贷款规模逾200亿元，已成为上海科创中心建设的中坚力量。

以上海农村金融服务主力军为本职。"农业产值在上海经济总量中的比例并不高，

尽管微不足道，但却不可或缺。当前，上海的农业形态正在由生产功能向经济功能、生态功能、科技示范功能、服务功能等多位一体的都市现代农业转变。我行也主动开拓创新，为‘三农’金融服务注入新内涵。”徐力说。

作为首批试点“政银通”项目的银行之一，上海农村商业银行股份有限公司积极优化营商环境，疏通企业在银行开办业务的各个环节

“农业要更强、农村要更美、农民要更富”是上海农商银行的主攻方向。一是与上海市农委合作探索推动建立农业产业引导基金，深化与社会资本的合作，促进财政资金、金融资本和社会资本进入本市农业产业领域。二是支持美丽乡村建设与河道整治工程，参与崇明生态岛建设。三是推动现代都市农业发展。积极拓展各种规模农业经营主体，加强与大型涉农企业的产融合作，支持其上下游产业链整合过程中的资金需求等。截至 2018 年 6 月末，上海农商银行涉农贷款余额逾 470 亿元，全市排名第一，并被中国银行业协会评为“2017 年农村合作金融机构支农支小服务示范单位”。

谈及未来，徐力表示，上海农商银行还将继续坚持扎根本地，坚持以客户为中心，深入推进经营转型，以创新的金融产品服务目标客户，以高效的流程管理改善客户体验，全面提升客户服务能力，全力打造服务型银行，向着成为服务高效的上市公众银行这一目标迈进。

（原载《新华每日电讯》2018 年 8 月 6 日）

上海农商银行：聚焦小微、科创、“三农”　全力打造服务型银行

东方网　夏　阳

在上海，有这样一家你绝不能忽视的本地银行，它发行了上海近400万张工会会员服务卡、在上海9个郊区布局了240多家网点，它更为沪上一万多家小微企业提供了上千亿的贷款、在上海涉农贷款中稳坐“头把交椅”，它就是脱胎于上海农村信用社的上海农商银行。目前，上海正处于改革开放再出发的新时期，上海农商银行将如何做好小微、科创、“三农”方面的服务工作？

8月2日，上海农商银行党委副书记、行长徐力在“改革开放再出发　新征程上铸品牌——2018‘对话上海国企领导’全媒体大型访谈”活动现场表示，小微、科创、“三农”是上海农商银行的三把“亮剑”，未来将进一步加强这些方面的优势，要做到支持有力度、对象有广度、服务有温度。

全生命周期服务科创企业

“在科技融资的贷款方面，上海农商银行走得比较早。”徐力解释道，早在2012年，该行就在张江核心园区设立上海市首家科技支行——张江科技支行。2018年，上海农商银行又计划在国家双创基地之一的杨浦区成立双创支行。截至2018年6月末，上海农商银行全行科技型企业贷款规模逾200亿元。

以最先建立张江科技支行为例，上海农商银行以此为着力点构建了以科技支行为龙头、30家科技金融服务特色支行为支撑的专营体系。2018年6月末，张江科技支行科技贷款余额逾36亿元。徐力表示，现在上海共有7家挂牌的科技支行，上海农商银行占比36%，这些都体现了上海农商银行不断提高服务科创企业能力的支持力度，服务上海成为具有国际影响力的全球科创中心的决心。

科创型企业的风险判定一直是银行业的痛点，针对这个问题，徐力表示，科创企业的培育过程是比较漫长的，对其服务要从创业期、成长期、扩张期、成熟期整个全生命周期服务的概念来做。例如，和知名的私募基金合作，借助其专业水平和对行业的熟悉，在科创企业的初创期就介入。

上海农商银行的“鑫动能”“鑫科贷”等产品注重服务科创企业全生命周期。“很多科创企业一开始就是农商行的客户，到现在都一直还愿意和农商行做业务，因为我们从

小长大开始给它提供服务，共同成长。”徐力说。

服务小微企业发展

徐力透露，截至 2018 年 6 月末，上海农商银行国标小微企业贷款余额达到 1300 亿元，在上海市全部中外资法人银行中位列第一，为上万家小微企业提供服务。“这个数字在上海的市场起到举足轻重的作用，责任重大。”

小微企业贷款难做，上海农商银行是如何“啃下这块硬骨头”的？徐力认为，小微贷款业务做大做多主要得益于以下几个特点：

第一，和区、镇一级政府保持比较密切的关系，有利于寻觅优质客户。例如，批量地从政府下属的产业园区中获得客户，而且可以做到知根知底。

第二，和沪上大型国企合作，服务其供应链。拿光明集团举例子，有几万个中小企业提供上下游服务，通过分析其付款情况就可获悉上下游供应链企业的经营状况，上海农商银行在没有抵押物的情况下也可以做贷款业务。

第三，和互联网公司做合作，利用大数据分析企业状况。比如，可以通过小微企业的快递数据分析看得出企业的经营情况。

对小微企业融资贷款的实际需求，上海农商银行提供了“无还本续贷”产品，对经营情况良好的企业不需要先还款再贷款，有效缓解了小微企业收款存在不确定性和周期性等问题。

种瓜得瓜，种豆得豆。在上海市促进中小企业发展协调办公室的相关评选中，上海农商银行连续多年获“上海中小企业融资服务杰出合作伙伴”殊荣。

服务“三农” 不留空白

截至 2018 年 7 月，上海农商银行涉农贷款余额逾 470 亿元，全市排名第一。徐力补充到，按照市委未来上海“农业要更强、农村要更美、农民要更富”的要求，上海农商银行未来将从以下三点着手推进。

一是与市农委合作探索推动建立农业产业引导基金，深化与社会资本的合作，积极探索科技型农业企业投贷联动业务。二是支持美丽乡村建设与河道整治工程，参与崇明生态岛建设。三是推动现代都市农业发展。积极拓展各种规模农业经营主体，加强与大型涉农企业的产融合作，支持其上下游产业链整合过程中的资金需求。

服务社区是上海农商银行一直以来坚持的特色之一，尤其是上海农商银行大量网点扎根郊区，为当地居民享受金融服务提供了保障。

“很多的地方只有农商行一家网点，网点的布局和民生高度相关，解决最后十公里的问题。”徐力特意讲了一个小例子：2017 年，奉贤邵厂支行由于经营问题需要搬迁。

当地居民反应很大，因为这个网点关掉以后，当地就没有银行了。了解实际需求后，上海农商银行确定通过设立自助银行的方式继续为当地居民提供金融服务。

据记者了解，邵厂当地目前保持有2台取款机、2台存取款一体机和1台多媒体查询机，同时配备专人指导当地居民使用。

2018年5月，上海农村商业银行股份有限公司牵头召开长三角农村金融座谈会

（原载东方网2018年8月3日，
网址：http://sh.eastday.com/m/20180803/u1ai11691407.html）

百联集团

2018 年 8 月 8 日，百联集团有限公司党委副书记、总裁徐子瑛做客访谈

企业介绍

2003 年 4 月，市属大型国有商贸流通产业集团——百联集团有限公司（以下简称百联集团）挂牌成立。百联集团由原上海一百集团、华联集团、友谊集团、物资集团合并重组而成，是市委、市政府站在上海建设“五个中心”，打造卓越的全球城市和社会主义现代化国际大都市国家战略的高度，应对我国全面开放零售业市场和服务贸易领域带来的严峻挑战，增强大型国有企业的活力和竞争力的重大举措。

百联集团注册资本 10 亿元，总资产逾 800 亿元。拥有综合百货、购物中心、奥特莱斯、大卖场、超市、连锁便利、专业专卖等零售业态，涵盖全渠道电商、大宗商品、仓储物流、商业地产、类金融等经营业务，形成以上海为中心，长三角，连接全国 25 个省、市、自治区近 5000 家门店的市场布局。百联集团控股百联股份

（A、B 股）、联华超市（H 股）、上海物贸（A、B 股）、第一医药（A 股）、复旦微电子（H 股）、华岭股份等 6 家境内外上市公司。

百联集团旗下汇聚了第一百货商店、第一八佰伴、东方商厦（连锁）、永安百货、时装公司、华联商厦，南方购物中心、西郊购物中心、中环购物中心、又一城购物中心、金山购物中心、世博源购物中心、重庆购物中心、沈阳购物中心，青浦奥特莱斯、武汉奥特莱斯、南京奥特莱斯，联华超市、世纪联华、华联吉买盛、快客便利，旧机动车交易市场、有色金属交易中心，第一医药商店、亨得利亨达利钟表、茂昌吴良材眼镜、上海拍卖行、上海国际商品拍卖行、百联物流、百联物业、百联电器、上海外供等一大批享誉沪上、闻名全国的企业品牌。

构筑“老字号”“新零售”的商业“护城河”

——百联集团：引入新手段，讲好“老字号”新故事

新华社　陆文军　周　蕊

2017年实现经营规模近1500亿元，零售网点数量近4000家，年接待消费者超十亿人次。如果你生活在上海甚至是长三角的城市里，你的“买买买”几乎不可能绕开百联集团。现在，带着上百年历史的“老字号”，百联集团正在踏上新征途。

“百联集团不仅让‘老字号’焕发生机，还会积极引入新的消费业态，买手店、独立设计师‘创客空间’、复合业态店、全球购、奥特莱斯甚至二次元剧场都在百联的未来发展蓝图中。”百联集团党委副书记、总裁徐子瑛8月8日在参加“改革开放再出发　新征程上铸品牌——2018‘对话上海国企领导’全媒体大型访谈”活动时说。

上海第一百货、上海第一医药、亨得利亨达利钟表、茂昌眼镜、吴良材眼镜、冠龙照相机、上海妇女用品商店、时装商厦，8家“中华老字号”是上海乃至中国很长一段时间以来行业内响当当的“头牌”。如何唤醒“老字号”？百联集团正在积极引入各种新手段，讲好“老字号”的新故事。

比如，2018年夏天举行的中国自主品牌博览会上，百联集团代表上海展区参展的就是一款互动橱窗。站在不同年代对应的互动位置上，屏幕会呈现出不同的街景和橱窗样式，勾起消费者的怀旧情结。

徐子瑛说，老字号发展不仅要靠文化记忆的挖掘和匠心精神的传承，更要探索打造“老字号新IP”，加速“老字号＋互联网”融合，持续推动老字号科技创新，赋予老字号新的内涵。

“老字号”要讲好新故事，“老商业街”也要放下身段，吸引更多的年轻人群。“中华第一街”南京路，承载着几代中国人的商业记忆，现在这一商业地标正在努力进行自我革新，吸引更为“低龄”的客流。

在南京路上拥有多处商业网点的百联集团正在积极参与南京路的“变身”计划。以备受关注的“第一百货商业中心”项目为例，商业中心在2017年底部分开业时就引发了大量关注。这一集购物、餐饮、文化、休闲于一体的全新城市综合体，由原市百一店等通过连廊、天棚“合体”改造而成。

记者走访发现，这里除了引入多个南京路商圈的首店、概念店、集合店之外，还处处强调要为文化“留白”，让出寸土寸金的商业面积来承载优秀历史建筑文化、上海商

业文化、海派弄堂文化，是让文化为商业引流，助推传统商业向消费＋体验的新零售转变。

百联集团有限公司旗下永安百货

为了在夜幕中勾勒出历史建筑原汁原味的线条，改造不惜“牺牲”六七百平方米营业面积，采用“内打光”照明方案；室内布置了以抽陀子、套圈子、滚铁圈、打弹子、挑绷绷等海派弄堂游戏和20世纪50年代至90年代的橱窗为题材的装饰艺术画，唤醒消费者的文化记忆；开在商场内的小型博物馆，用于常年展示来自各大私人博物馆的藏品……徐子瑛说，第一百货商业中心将于2018年内实现整体开业，打造成“让年轻人驻足、让中年人光顾、让老年人怀旧、让游客记忆”，并享誉海内外的南京路经典商业地标。

老品牌“翻新”，新渠道更是积极尝试。

百联集团2018年启动了新零售门店计划、新零售物流体系、新零售云端系统和新零售培训计划四方面的建设，其中，新零售门店要实现数字化的消费者、线上线下同货同价、线上渠道与实体门店打通、场景深度融合，为消费者提供极致的便捷和体验；新零售物流体系要从供应链物流的上游、中游、下游进行整体规划和建设，实现对新零售门店运营的高效和灵活支撑；新零售云端系统要通过实施轻前端、强中台、稳后端的基本原则，实现对百联集团各业态新零售转型的高效灵活支持。

在2018年年初的2018秋冬上海时装周期间，苏州河畔一个89岁的英式仓库建筑——衍庆里变身成为帮助设计师起步的“创客空间”。这一建筑“大转型”的背后，是百联集团的时尚雄心。

“百联集团时尚中心——衍庆里”不是一个简单的“创客空间”，里面集聚了创业指导、时尚资讯、生产资源、供应链协同、整合营销及全渠道销售等资源，让独立设计师可以直接“拎包入住”，把精力集中在设计上。

徐子瑛说，让“老仓库”变身“时尚聚集地”，离不开商业模式的创新。时尚中心以时尚品牌、设计师工作室为核心，通过面料库、工具库、资料库、人才库的打造，同时引入时尚产业上下游机构，形成产业生态圈，未来将形成一片国际级时尚产业标杆片区。

（原载《新华每日电讯》2018年8月9日）

“老仓库”变身“时尚聚集地”　看上海老牌商业巨头如何焕发新生机?

东方网　程　琦

“如果你生活在上海甚至是长三角的城市里，你的‘买买买’几乎不可能绕开百联集团。”百联集团党委副书记、总裁徐子瑛在参加“改革开放再出发　新征程上铸品牌——2018‘对话上海国企领导’全媒体大型访谈”活动时表示，作为上海大型国有重点企业、上海的商业龙头百联集团未来将不仅让“老字号”焕发生机，还将积极引入新的消费业态，如将买手店、独立设计师“创客空间”、复合业态店、全球购、奥特莱斯甚至二次元剧场等放入到百联集团的未来发展蓝图中。

促进老字号创新发展打造新“IP”

说起百联集团，最为消费者熟知的包括上海第一百货商店、上海第一八佰伴、东方商厦（连锁）、永安百货、百联上海又一城购物中心、百联上海奥特莱斯、华联超市、世纪联华、上海第一医药商店等一大批享誉沪上、闻名全国的企业，甚至还有亨得利亨达利钟表、茂昌吴良材眼镜、上海妇女用品商店、时装商厦等中华老字号企业品牌。

作为蕴含着上海人成长记忆、涵盖了上海人消费方方面面需求的企业，如何焕发老品牌、老字号的活力？百联集团党委副书记、总裁徐子瑛表示，将深度挖掘文化记忆，促进老字号品牌改革创新发展，进一步探索打造老字号新“IP”，加速“老字号＋互联网”融合，持续推动老字号科技创新，赋予老字号新的内涵。

在2018年提出的上海购物《关于全力打响“上海文化”品牌　加快建成国际文化大都市三年行动计划》中，就有“老字号重振”“商业地标重塑”等专项行动，这让百联集团看到了机遇，同时也在积极响应，特别是围绕重塑“中华商业第一街南京路”和“百年淮海路”两条世界级商业街等商业地标打造目标，百联集团也将打造一批购物地标。

徐子瑛说，“老字号”要讲好新故事，“老商业街”也要放下身段，吸引更多的年轻人群。“中华第一街”南京路，承载着几代中国人的商业记忆，现在这一商业地标正在努力进行自我革新，吸引更为“低龄”的客流。

据透露，目前在南京路上拥有多处商业网点的百联集团正在积极参与南京路的“变身”计划。以备受关注的“第一百货商业中心”项目为例，商业中心在2017年底部分开业时就引发了大量关注，这一集购物、餐饮、文化、休闲于一体的全新城市综合体，由原市百一店等通过连廊、天棚“合体”改造而成，这里不仅有首店、概念店、集合店等新潮店铺之外，还有包括承载上海人文化记忆的小型博物馆，抽陀子、套圈子、滚铁圈、打弹子、挑绷绷等海派弄堂游戏，都在这里以橱窗的形式对外展示。

徐子瑛说，第一百货商业中心将于2018年内实现整体开业，打造成“让年轻人驻足、让中年人光顾、让老年人怀旧、让游客记忆”，并享誉海内外的南京路经典商业地标。

2018年6月，百联集团有限公司旗下第一百货商业中心与阿迪达斯品牌中心签署“新品集聚地品牌首店入驻”合作协议

探索新渠道让“老仓库”变身“时尚聚集地”

如今“上海购物”品牌打响，百联集团除在老字号上下功夫，在创新上还有哪些新花样？在网络大潮“风卷云涌”的当下，百联集团又有哪些新举措、新尝试？在采访中，徐子瑛表示，“新零售”意味着通过对“人、货、场”的重构，提升消费者的购物体验。

据悉，2016年5月19日，百联集团全渠道平台就上线了“i百联”，实现了百联商务电子化“从零到一”的突破。2018年启动了新零售门店计划、新零售物流体系、新零售云端系统和新零售培训计划四方面的建设，其中，新零售门店要实现数字化的消费者、线上线下同货同价、线上渠道与实体门店打通、场景深度融合，为消费者提供极致的便捷和体验；新零售物流体系要从供应链物流的上游、中游、下游进行整体规划和建设，实现对新零售门店运营的高效和灵活支撑；新零售云端系统要通过实施轻前端、强中台、稳后端的基本原则，实现对百联集团各业态新零售转型的高效灵活支持。

而将“老仓库”变身“时尚聚集地”，也是百联集团探索创新渠道的成功案例。“百联集团时尚中心——衍庆里”，坐落于上海市黄浦区南苏州路，是上海近代建筑中一座典型的英式仓库建筑，并于2015年入选上海市第五批优秀历史建筑，2017年，转型成为百联集团时尚中心。

徐子瑛告诉记者，在打造时尚中心的过程中，百联集团构建了“一台引擎，四个服务平台”，即以国际时装设计学院为“引擎”，搭建时尚创客、基金创投、品牌展销、商业服务四个服务平台。探索引进全球领先的“TradeShow”品牌，构建一个吸引并服务时尚设计师的创客空间。

据悉，百联集团未来将通过三期计划把衍庆里打造成创意时尚产业链平台和集聚区：一期着力打造样板，树立时尚行业影响力；二期逐步扩大营销，形成时尚产业聚集区；三期致力于打造上海国际级时尚产业标杆片区，成为上海打造国际时尚之都的重要力量。

徐子瑛说，让“老仓库”变身“时尚聚集地”，离不开商业模式的创新。时尚中心以时尚品牌、设计师工作室为核心，通过面料库、工具库、资料库、人才库的打造，同时引入时尚产业上下游机构，形成产业生态圈，未来将形成国际级时尚产业标杆片区。

眼下，首届中国国际进口博览会即将在11月开幕，作为交易团的重要成员、上海交易团大型零售商联盟的发起牵头单位，百联集团“摩拳擦掌”，正在积极“备战”。徐子瑛表示，百联集团将重点从搭建联盟信息交流机制、促进采购商与展商精准对接、组织专业采购人员到会采购、组织现场活动促进交流合作、对接“6+365”平台形成长效机制等五个方面展开工作，承接进口博览会带来的“溢出效应”。

（原载东方网2018年8月9日，
网址：http://sh.eastday.com/m/20180809/u1ai11709450.html）

华建集团

2018年8月9日，华东建筑集团股份有限公司党委副书记、总经理张桦做客访谈

企业介绍

华东建筑集团股份有限公司（以下简称华建集团）是以工程设计咨询为核心、业务范围覆盖工程设计咨询“全过程”的科技型、服务型上市公司（证券代码：600629）。华建集团以“创意成就梦想、设计构筑未来”为企业精神。2015年，华建集团完成整体改制上市。截至2018年，华建集团已连续15年跻身美国ENR（工程新闻记录）全球工程设计公司150强，目前位列全球第63位。

华建集团旗下有华东总院、上海院、都市总院、建设咨询、水利院、环境院、地下空间院等20家子公司。在达拉斯、纽约、洛杉矶、新加坡、科钦、阿布扎比、巴黎、越南等设有10处海外分支机构。现有职工8000余人（包括wilson公司400余人），现有国家工程院院士2人、国家勘察设计大师7人、上海领军人才9名、国家有突出贡献中青年专家6名、享受国务院特殊津贴专家9名。

华建集团建有1家国家级企业技术中心、6家高新技术企业和6家市级工程技术研究中心。近三年共获得省部级以上各类建筑咨询和科技进步类奖项900余项，包括国家科技进步二等奖3项，上海市科技进步奖15项，其中一等奖2项。集团拥有国内工程咨询行业中最为完备的“全过程”业务链。承接了虹桥综合枢纽工程、港珠澳大桥珠海及澳门口岸、浦东国际机场、中国博览会综合体项目、迪士尼乐园总图设计、东方体育中心、上海光源工程、青草沙水库等重大项目。

做强"中国设计"　争当"全球建筑领跑者"

——对标世界最高标准，华建集团"凤凰涅槃"

新华社　陆文军

企业历史超过66年，担纲设计的工程超过3万项，覆盖全国31个省市，遍及60多个国家和地区，主持或参与完成了70%以上的上海地标性建筑，连续18年跻身美国《工程新闻记录》(ENR）全球工程设计公司150强……

拥有这组华丽数字的，就是中国首屈一指的建筑设计企业——华东建筑集团股份有限公司。华建集团六十多载，成为国内最杰出的城市"造型师""筑梦者"。

华东建筑集团股份有限公司设计总承包的上海浦东国际机场三期扩建工程将建成全球最大单体卫星厅

华建集团总裁张桦9日在"改革开放再出发　新征程上铸品牌——2018'对话上海国企领导'全媒体大型访谈"中表示，华建集团是中国首家进入全球工程设计公司百强的企业，最新排名已跃升至63位。完成整体上市的华建集团，正在经历新的"凤凰涅槃”，业务板块不仅局限于工程设计，已拓展到了工程建设的全生命周期，未来将对标世界最高标准，用一到两代人的奋斗，真正做强“中国设计”，争当“全球建筑领跑者”。

张桦介绍，华建集团前身为1952年成立的华东工业部建筑设计公司和次年成立的上海市建筑工程局生产技术处设计科。当时，与梁思成齐名的赵深、庄俊、陈植等一批满怀着建设中华梦、学成回国的年轻爱国设计师，和一大群从事建设工作的知识分子，共同成立了华建集团的前身。

1998年，当时的华东建筑设计研究院和上海建筑设计研究院强强联手，成立上海现代建筑设计（集团）有限公司。2015年10月，在上海国资委的统一部署下，华建集团在上海证券交易所上市。华建集团旗下有华东总院、上海院、都市总院、建设咨询、水利院、环境院、地下空间院等20家子公司，其中，全资控股全球酒店室内建筑设计排名前三的美国威尔逊公司，在达拉斯、纽约、洛杉矶、新加坡、科钦、阿布扎比、巴黎、越南等设有10处海外分支机构。

张桦说，作为高新技术企业，人才是华建集团的第一资源。华建集团现有工程院院士2人、国家勘察设计大师8人、上海领军人才9名、国家有突出贡献中青年专家6名、享受国务院特殊津贴专家9名。

华建集团作为国内建筑领域的技术密集型企业，科技创新也是核心实力。目前已建有1家国家级企业技术中心、6家高新技术企业和6家市级工程技术研究中心。近三年共获得省部级以上各类建筑咨询和科技进步类奖项900余项。

张桦介绍，华建集团拥有国内工程咨询行业中最为完备的“全过程”业务链，能够提供从项目前期咨询到后期管理的“一站式”服务。承接了虹桥综合枢纽工程、港珠澳大桥珠海及澳门口岸、浦东国际机场（一期、二期、三期）、中国博览会会展综合体项目、迪士尼乐园总图设计、东方体育中心、上海光源工程、青草沙水库、新开发银行总部大楼等重大项目。

张桦透露，目前华建集团在科技创新方面，正聚焦“以BIM（建筑信息化模型）为核心的建筑信息化技术、绿色生态建筑技术、建筑工业化、既有建筑改造和功能提升”四大领域。

张桦说，2018年是改革开放40周年，华建集团是改革开放的直接见证者、亲历者、参与者。工程设计咨询行业是最早对外开放的领域之一，20世纪70年代末80年代初，建筑设计行业就开展事业单位企业化运作试点了。目前来说，也可以说是国际化程度较高的行业之一，国际市场和国内市场高度统一。在国内，几乎所有全球最顶尖的设计机构都有分支机构，国内很多大型建设项目采用全球招标也已经是惯例。

“华建一直以来都是和国内外顶尖的竞争对手同台竞技，其中既有合作，又有过招，还有交流和融合”，张桦认为，这种与顶尖对手的交流是有利于企业跨越式发展的。在与国际一流同行同台比拼、直面竞争的过程中，华建集团代表着“中国设计”，有足够的民族自信和实力底气。“我们在中国国际进口博览会会展中心，港珠澳大桥珠海、澳门口岸，世博文化中心等重大项目的全球方案比拼中，力克国内外强劲对手，成功中标。我们的技术能力和综合实力已经具备了国际竞争力。”

张桦说，上海即将迎来首届中国国际进口博览会。作为整个筹办工作的重要环节，场馆改造及环境提升工作正在抓紧推进。国家会展中心原来就是华建集团联合清华大学原创设计的，华建集团作为设计总承包单位承担了这项重要工程的全部设计工作。

（原载《新华每日电讯》2018年8月10日）

华建集团：在我们的血液里，设计师与工匠并存

东方网　王佳妮

企业历史超过66年，担纲设计的工程项目累计达3万余项，覆盖全国31个省市，遍及60多个国家和地区，主持或参与完成了70%以上的上海地标性建筑……这些数字的背后凝聚着华东建筑集团股份有限公司的无数智慧与汗水。

“在我们的血液和文化基因里，一半是设计师的创新精神，一半是务实高效的工匠精神。”华建集团总裁张桦日前在“改革开放再出发　新征程上铸品牌——2018‘对话上海国企领导’全媒体大型访谈”中表示，正是这一种基因的驱使，华建集团已成为中国首家进入全球工程设计公司百强的综合设计企业，目前最新排名已跃升至63位。

让建筑设计插上信息化翅膀

完备的“全过程”业务链是华建集团的一张闪亮“名片”。从项目前期咨询到后期管理，华建集团能为客户提供“一站式”服务。张桦介绍，近年来，华建集团聚焦超高层、交通枢纽、历史建筑保护等建筑专项设计，承接了虹桥综合枢纽工程、港珠澳大桥珠海及澳门口岸、浦东国际机场（一期、二期、三期）、中国博览会综合体项目、迪士尼乐园总图设计、东方体育中心、上海光源工程、青草沙水库、金砖银行总部大楼等重大项目。华建集团也是上海迪士尼乐园的总图设计院，共签订迪士尼项目合同71项。

值得一提的是，由华建集团设计总包的国家博览会场馆是迄今全球最大的会展中心。同时，华建集团在超高层建筑设计领域也处领先地位。据统计，目前全国在建最高的12幢500米以上超高层建筑中，华建主持和参与了其中的9幢。

上海光源工程是我国迄今为止最大的大科学装置和大科学平台，由华东建筑集团股份有限公司承担建筑工程设计

作为国内建筑领域的技术密集型企业，科技创新是核心实力。东方网记者获悉，目前华建集团已建有 1 家国家级企业技术中心、6 家高新技术企业和 6 家市级工程技术研究中心。近三年共获得省部级以上各类建筑咨询和科技进步类奖项 900 余项。

张桦透露，华建集团正探索以智慧建筑和智慧城市为导向的数字化业务发展方向。探索拓展“BIM+ 新技术集成应用”就是其中一项内容，重点聚焦从“建造到运营”“单体到群体”“数字建筑到智慧城市”“虚拟到现实”等领域。2017 年，华建集团先后和微软中国、阿里巴巴、新加坡淡马锡旗下盛裕公司、欧特克公司签订了战略合作协议。据悉，目前，华建集团正在与微软中国合作打造中国建设工程行业全息技术平台。

让建筑本身来诉说时代故事

除了提升建筑信息化技术，既有建筑改造和功能提升也是华建集团近年来聚焦发展的领域之一。为此，华建集团成立了历史建筑保护研究院、上海既有建筑功能提升工程技术中心。截至目前，已累计完成既有建筑国家规范 1 项，相关行业规范 10 项。

据了解，华建集团先后承接了和平饭店、宝庆路三号、上海历史博物馆、四行仓库、大世界、圣三一教堂改造、南京民国首都电厂旧址公园、东风饭店、中福会少年宫、铜仁路 333 号、上海科学会堂等历史保护建筑的修缮以及一大批既有建筑的改造和功能提升。其中，圣三一教堂改造还荣获联合国教科文组织亚太文化遗产保护“优异奖”。

在保护历史的同时，华建集团的设计也不断焕发着新的生命力。2018 年 11 月，上海迎来首届中国国际进口博览会。作为整个筹办工作的重要环节，场馆改造及环境提升工作正在抓紧推进。由于国家会展中心原本就是华建集团联合清华大学原创设计的，因此华建集团作为设计总承包单位承担了这项重要工程的全部设计工作。

华东建筑集团股份有限公司在建的苏州中南中心

张桦介绍，2017 年 10 月开始，进口博览会在功能需求、建设规模、建设标准等尚处于可调研阶段的情况下，华建集团的建筑团队、室内装饰及景观团队、机电中心照明团队及前期研究团队，就启动了相关工作，研究布局规划、建设规模、功能流线，进行项目前期可行性研究。该项目时间紧、任务重、难度大、要求高、不容有失，华建集团成立了进口博览会专项工作组，跨单位调配华建集团内的优质资源，无论是空间效果还是功能布局，无论是技术方案还是细部实施，反复研究、精心比选，力求完美。

“当歌曲和传说已经缄默的时候，建筑还在说话。”正如俄国作家果戈理所言，建筑的语言就代表了它产生的那个时代。而以“创意成就梦想、设计构筑未来”为企业精神的华建集团就是正在谱写属于这一时代的华丽篇章。张桦表示，未来，华建集团将对标世界最高标准，用一到两代人的奋斗去真正做强“中国设计”的全球影响力，争当“全球建筑领跑者”。

（原载东方网 2018 年 8 月 10 日，
网址：http://sh.eastday.com/m/20180810/u1ai11711866.html）

申能集团

2018 年 8 月 9 日，申能（集团）有限公司党委副书记、总经理吴建雄做客访谈

企业介绍

申能（集团）有限公司（以下简称申能集团）前身为申能电力开发公司，创建于 1987 年，1996 年成立集团，注册资本 100 亿元，是上海市国资委出资监管的国有独资企业集团。申能集团系统拥有全资和控股企业 75 家，其中二级全资和控股企业 11 家，员工 1.4 万余人。

申能集团成立以来，秉持"锐意开拓、稳健运作"的经营理念，按照"电气并举、产融结合、创新引领、转型提升"的发展战略，致力于提供安全、清洁、高效、可持续的能源供应，逐步构建形成电力、燃气、能源服务、金融四大业务板块。2016 年末申能集团总资产 1535 亿元，年营业收入 344 亿元，净利润 60.3 亿元，连续 15 年入选中国企业 500 强。

申能集团：打造百年申能　筑牢卓越城市能源之基

新华社　王默玲

"创立于1987年的申能集团，30多年来坚持主业发展，逐步形成电力、燃气、能源服务和金融四大产业板块，成为服务上海2400万市民的主要能源供应商和引领能源行业创新发展的先行者。"申能集团党委副书记、总经理吴建雄在参加"改革开放再出发　新征程上铸品牌——2018'对话上海国企领导'全媒体大型访谈"活动时说。

上海作为一个能源资源输入型的超大城市，它的能源供应与服务怎样做才能称得上"卓越"二字？申能集团认识到能源供应的稳定与充足只是第一步。这些年来一直追求对环境友好的清洁性、城市运营的安全性、客户用气的便捷性，打造优质高端，具有影响力的上海能源品牌，构建上海能源品牌新优势。

当城市对天然气这一清洁能源的依赖性不断加大的时候，申能集团意识到发展天然气面临的首要问题就是如何确保供气安全，其中就包括气源安全与运营用气安全。

2011年，申能（集团）有限公司投资建设的上海外高桥第三发电有限责任公司经认定，成为国际上率先突破280克/千瓦时最低煤耗整数关口的电厂，并将这一领先水平保持至今，在世界火电领域树起了一道中国标杆

申能集团用了将近20年时间，构建形成了天然气“X+1+X”全产业链和多气源供应保障体系。“6+1”多气源通过2.3万公里高中低压管网统一调度，在多元销售平台上平衡用气需求。在2017年冬季北方部分省市出现缺气情况下，上海供气做到了不断不限不乱，在保障本市供应的基础上，还“南气北调”支援了全国。

吴建雄表示，“上海经验”的背后就在于其多气源，很好地利用了国内国外两种资源，形成相对充分的储气调峰能力，并通过“一张网”实现高效调度，通过下游电气联调，保障了供需平衡，“下一步，我们将着眼上海2035卓越全球城市建设大局，统筹考虑本市能源结构调整和能源安全，实施新一轮燃气重大基础设施建设，建设燃气‘X+1+X’升级版”。

目前申能正运用现代信息技术对燃气业务流程进行全面升级，在实现“智慧管网”“智慧调度”保障高效安全供气的基础上，通过“智慧服务”，包括线上平台燃气“微客服”，使居民在家中就能实现对燃气业务的全流程网上办理。“我们也正在与腾讯公司等互联网企业合作，推进能源大数据、互联网能源服务等，打造‘互联网＋能源’的能源产业生态链。”吴建雄说。

回望企业历程，申能集团既是改革开放的产物，也是改革发展的践行者，如今创建卓越全球城市的上海提出打响“四大品牌”，申能集团这一与上海发展变革血脉相连的企业将继续乘势而上。

吴建雄表示，申能集团正在根据市委市政府关于打响上海“四大品牌”三年行动计划的部署，主动融入上海“四个新作为”和卓越全球城市建设大局，着力在主业空间拓展、能源综合保供、协同创新体系、体制机制改革四个方面发力，不断提升核心竞争力，擦亮上海能源品牌，打造百年申能。

（原载《新华每日电讯》2018年8月15日）

申能集团：上海天然气与电力保障的“幕后英雄”

东方网 王佳妮

上海 90% 以上的天然气供应、1/3 的电力供应都来自它，它服务着上海 680 万户的燃气用户，能源供应总量已占到全市能源消费量近 20%……它就是创立于 1987 年的申能集团。

“30 多年来始终牢记初心，坚持主业发展，逐步形成电力、燃气、能源服务和金融四大产业板块，成为服务上海 2400 万市民的主要能源供应商和引领能源行业创新发展的先行者。”申能集团党委副书记、总经理吴建雄日前在参加“改革开放再出发 新征程上铸品牌——2018‘对话上海国企领导’全媒体大型访谈”活动时说。

上海是一个能源资源输入型的超大型城市，发展天然气面临的首要问题就是如何确保供气安全，包括气源的安全、基础设施的运营安全和用气安全。对此，1996 年申能集团成立后，按照市委市政府决策部署，着手投资天然气产业，从东海平湖油气田开始，到上海天然气主干管网，再到燃气销售，用了将近 20 年时间，投入资金近 300 亿，构建形成了天然气“X+1+X”全产业链和多气源供应保障体系。

申能（集团）有限公司投资建设的上海外高桥第三发电有限责任公司，建有 2 台 100 万千瓦超超临界燃煤发电机组，是全国唯一的“国家煤电节能减排示范基地”

吴建雄介绍，这第一个“X”指的是“6+1 多气源”，包括洋山液化天然气（LNG）、西气一线、西气二线、崇明北线、东气、川气和五号沟 LNG，多元共济。“1”是指一张网，2.3 万公里高中低压管网统一调度，高效运作。第二个“X”指的是多元销售，5 家区域销售公司，加上新设立的能源贸易平台，平衡需求。这个模式的形成，有力保障了上海能源结构优化升级进程，并多次经受住了考验。

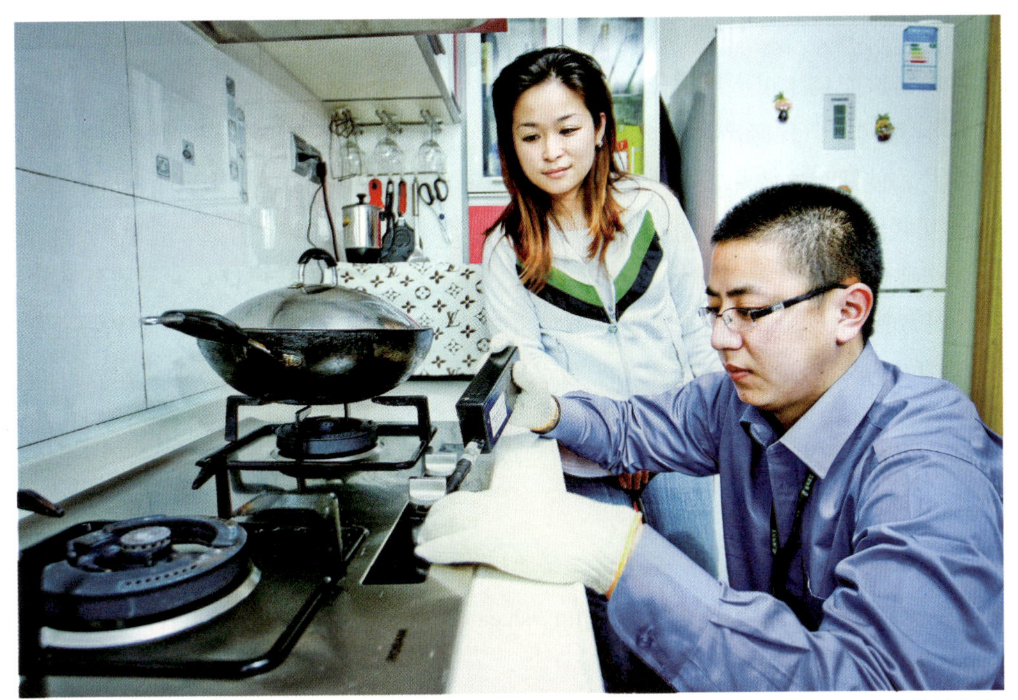

近年来，申能（集团）有限公司旗下上海燃气集团不断提升“上海服务”品牌内涵，持续擦亮百年燃气金字招牌

去冬今春，在北方部分省区出现缺气的情况下，上海供气做到了不断不限不乱，在保障本市供应的基础上，还“南气北调”支援了全国，被作为“上海经验”在全国推广。对此，吴建雄告诉记者，这背后的主要的原因就在于上海的多气源，很好地利用了国内国外两种资源，形成相对充分的储气调峰能力，并通过“一张网”实现高效调度，通过下游电气联调，保障了供需平衡。

据悉，下一步，申能集团还将着眼上海 2035 卓越全球城市建设大局，统筹考虑上海能源结构调整和能源安全，实施新一轮燃气重大基础设施建设，建设燃气“X+1+X”升级版。其中，将着重扎实落实市政府确定的天然气产供储销体系建设任务，包括：上游积极争取新的气源和通道，提高自主可控气源比重，进一步提高储气调峰能力，建设洋山 LNG 二期和五号沟 LNG 三期；中游推动实现“一张网”O 型闭环，加强长三角能源合作；下游着力提高燃气服务水平。

访谈中，吴建雄还介绍，申能集团还将优化燃气接入环境、提升燃气接入效率和服务水平作为重点工作，开展了优化营商服务“双百行动”，通过流程再造和信息化手段，实现用气申请一口受理，客户用气申请最多跑一次，将用气办理业务周期缩短了35%。100多个服务网点、24小时全年无休处理用户来电、事故应急处置30分钟快速响应，并大力推广电子账单和无线智能表应用，服务信息随时查，这些举措都大大减少了用户的麻烦。

目前，申能集团正运用现代信息技术对燃气业务流程进行全面升级，在实现“智慧管网”“智慧调度”保障高效安全供气的基础上，通过“智慧服务”，包括线上平台燃气“微客服”，使居民在家中就能实现对燃气业务的全流程网上办理。“我们也正在与腾讯公司等互联网企业合作，推进能源大数据、互联网能源服务等，打造‘互联网＋能源’的能源产业生态链。”吴建雄说。

吴建雄表示，申能集团正在根据市委市政府关于打响上海四大品牌三年行动计划的部署，主动融入上海“四个新作为”和卓越全球城市建设大局，着力在主业空间拓展、能源综合保供、协同创新体系、体制机制改革四个方面发力，不断提升核心竞争力，擦亮上海能源品牌，打造百年申能。

（原载东方网2018年8月13日，
网址：http://sh.eastday.com/m/20180813/u1ai11718418.html）

上化院

2018年8月16日，上海化工研究院有限公司执行董事、总经理、党委副书记李良君做客访谈

企业介绍

上海化工研究院创建于1956年，1999年属地化转制，2016年实施公司制改制，更名为“上海化工研究院有限公司”(以下简称上化院)。经过60余年的努力，现已建设成为集多学科为一体、优势突出、国内领先的国家重点高新技术企业，是化工领域从事创新研究、公共服务、工程应用开发的综合性研究院，是先进材料、生物医药、公共安全、节能环保等领域的行业技术中心，是传统产业升级、新兴产业发展的孵化基地和工程技术人员培养的示范基地。

上化院历年共承担国家各类科技攻关、产业化应用项目2000余项；科研成果获得国家、省部级科技奖励300余项；申请专利780余项，获得授权专利520余项；牵头制定国际、国家及行业标准300余项；数百项科研成果和专利技术在国内外推广应用。拥有20余项国家、省部级平台资质，22项国家认定认可实验室、鉴定机构，牵头6项国际、国家标委会，20余项行业学会协会，10余项产业技术创新联盟，在国内有影响力、在国际有“话语权”、在行业有突出优势。

未来，上化院将以习近平新时代中国特色社会主义思想为指导，围绕“做强主业，做实创新，做响品牌”主线，深入实践“三位一体”的发展定位，加快推进“一核多点”发展布局，努力打造“国内一流的高新技术企业，国际知名的新型科研院所”。

上海化工研究院有限公司：求新路上助力国家科技创新建设

新华社　王默玲

1956年，在我国近代化学工业奠基人之一——吴蕴初先生所创的天利氮气厂原址上，上海化工研究院成立。60多年来，它从新中国化肥工业的摇篮、国防科研的重镇，发展成为化工行业科技创新、成果转化和人才培养的高地。当前，改制为“上海化工研究院有限公司”的上化院正努力探索现代企业管理制度与新型科研院所有机结合的创新模式，为科研院所从事业单位转型为科技型企业积累宝贵经验。

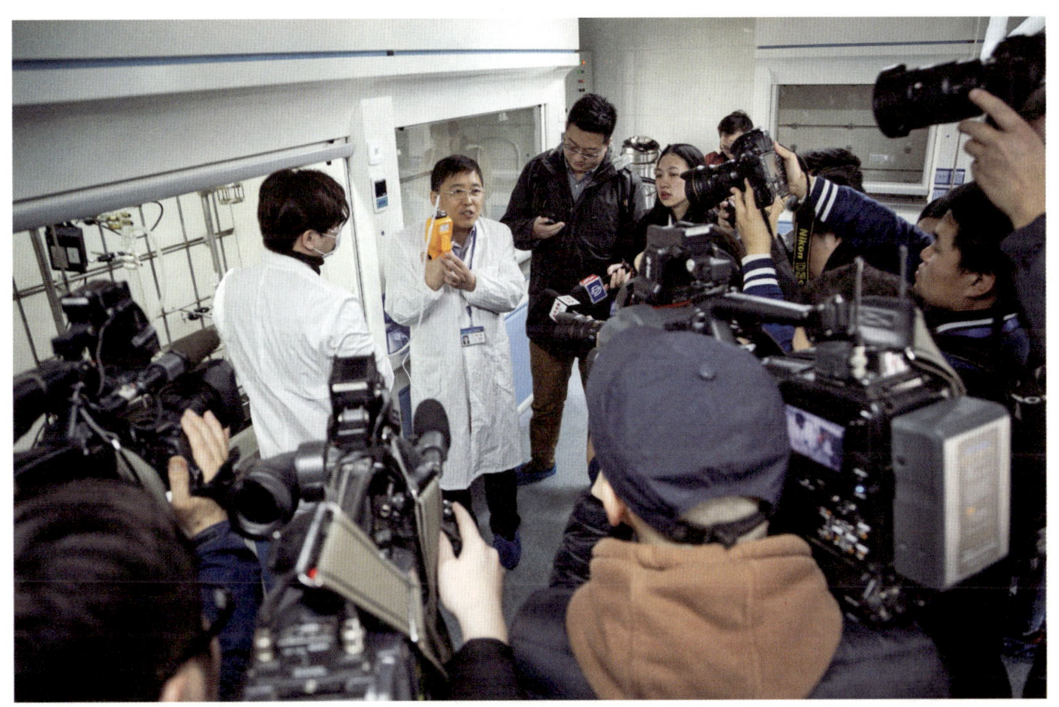

上海化工研究院有限公司是国家化学品及制品安全质量监督检验中心的依托单位，图为该院专家就自发热火锅安全性调查向媒体现场演示测试情况

“上化院作为科技领域的国家队，必须在科学发展、科技研发和成果产业化上走在前列，扮演好‘共性先进技术的研发平台、高新技术企业的孵化中心、上海技术服务的主打品牌、高级科技人才的集聚高峰’四个角色。”上化院执行董事、总经理、党委副

书记李良君16日在参加“改革开放再出发　新征程上铸品牌——2018‘对话上海国企领导’全媒体大型访谈”活动时说。

改革潮头，上化院激流勇进，既是国家科研院所改革发展历程的缩影，也成了推动上海科技创新体系建设的生力军。对于把科研院所与高新技术企业这两个属性“合二为一”的上化院来说，在变革发展之路上“求新”二字无疑贯穿其科技创新“生命线”的始终。

着眼于科技创新“生命线”的终端，是一个个“填空白”“去卡脖”的技术成果。化肥是粮食的“粮食”，在解决我国乃至全球饥荒问题上发挥了极其重要的作用。近年来上化院在化肥领域已经成功发布了12项国际标准，特别是脲醛缓控释肥国际标准的发布填补了国际空白。

“国际标准采用中国方案，使我国掌握了缓控释肥领域的全球‘游戏规则’。”李良君说，通过“中国标准走出去”，加快了我国从“肥料大国”向“肥料强国”的转变，对提升我国在国际肥料贸易中的话语权、更好地推进“一带一路标准先行战略”起到了积极作用。

终端科研成果的创新突破与科学技术“落地”的效益凸显，背后都离不开创新体制机制这一“求新”之路的活水源头。李良君表示，人才是第一资源，人才激励机制的建设与人才培养模式的打造同样重要，“在科技创新激励机制建设方面，我们始终强调从科研开发到成果转化的全过程激励，我们也根据张江政策探索了一些模式，比如基金激励、分红激励、干股激励、提成激励等，尤其在科技成果转化后，组建产业化公司时，我们设立了相应的机制允许科技团队持股”。

源头“求新”让科技开发的“活水”源源不断，科技成果产业化这一中间环节不断“求新”让科研得到反哺、社会产生效益，走到“求新”的终端，一项项应用于实际的科技成果在一点一点推动着国家科技创新实力的进步。

展望未来，李良君表示，上化院将传承和发扬民族化学工业创新奋斗、实业报国、利国益民的伟大精神，牢牢把握创新发展主动权，做强主业、做实创新、做响品牌，努力朝着“国内一流的高新技术企业、国际知名的新型科研院所”的战略目标努力奋进，为服务国家科技创新战略、助力上海科创中心建设继续贡献力量。

（原载《新华每日电讯》2018年8月17日）

上化院：科研成果填补国际标准空白 “上海制造”攻克核心关键技术

东方网 夏毓婕

历年共承担国家各类科技攻关、产业化开发和工程应用项目2000余项；科研成果获得国家、省部级科技奖励300余项；申请专利780余项，获得授权专利520余项；制定国际、国家及行业标准300余项……目前，由事业单位转型为科技型企业的“上化院”正在努力实现“国内一流的高新技术企业、国际知名的新型科研院所”的目标。

近日，上海化工研究院有限公司执行董事、总经理、党委副书记李良君在参加“改革开放再出发 新征程上铸品牌——2018‘对话上海国企领导’全媒体大型访谈”时表示，上化院作为科技领域的国家队，将服务国家战略、行业需求和上海发展。在上海具有全球影响力的科技创新中心建设及“四大品牌”打造过程中，扮演好“共性先进技术的研发平台、高新技术企业的孵化中心、上海技术服务的主打品牌、高级科技人才的集聚高峰”四个角色。

得标准者得天下：科研成果填补国际标准空白

化肥是粮食的“粮食”，在解决我国乃至全球饥荒问题上发挥了极其重要的作用。李良君指出，近年来，上化院在该领域已经成功发布了12项国际标准，成功在化肥领域实现了中国标准国际用，引领国际产业技术的发展，成为了我国为数不多的国际化标准之一。

“国际标准采用中国方案，使我国掌握了缓控释肥领域的全球‘游戏规则’。”李良君说，通过“中国标准走出去”，加快了我国从“肥料大国”向“肥料强国”的转变，对提升我国在国际肥料贸易中的话语权、更好地推进“一带一路标准先行战略”起到了积极作用。

破国外技术垄断：上海制造攻克核心关键技术

作为目前产量最大、用途最广的高分子材料品种，聚烯烃是一种与国民经济和人民生活息息相关的基础原材料。我国聚烯烃工业经济总量已经达到了世界第一。

而在20世纪80年代末，以美国为首的西方国家对中国进行经济制裁，其中一项就是停止提供聚烯烃催化剂产品和技术，造成我国聚烯烃生产企业几乎全面停工，蒙受重大经济损失。

“不掌握核心技术就会被‘卡脖子’。”李良君表示，从这次事件后，国家开始全力进行聚烯烃催化剂的技术攻关，上化院作为国内最早研究聚烯烃工艺和催化剂的单位积极参与了这次攻关并发挥了极其重要的作用。

目前，上化院建设的“聚烯烃催化技术与高性能材料国家重点实验室”已达到国际先进水平，成功研制五个系列四十几个牌号的聚乙烯催化剂，部分产品实现了从“跟跑”到“领跑”的飞跃，确保不再受制于国外技术垄断。

科技成果“落地”：多项激励政策先行先试

终端科研成果的创新突破与科学技术“落地”的效益凸显，除了有平台、技术、机制、人才等创新优势外，上化院在科技成果转化体系中也开展了多项激励政策的先行先试。

“技术类无形资产非公开市场协议转让以及科技成果转化收益分红激励两大试点，有效调动了科研团队的积极性，进一步完善了我院激励约束机制。”李良君举例说，公司的聚乙烯催化剂成果转化项目就是上海市国资委系统第一个技术使用费可以提奖的试点项目，相关举措大大激发了科技团队的积极性。

上海化工研究院有限公司超高材料研发团队在聚烯烃催化技术和高性能材料国家重点实验室UHMWPE干法纺丝试验现场进行技术研讨

据2017年数据统计，这个科研团队下属的产业化公司年度营业收入较上一年同比增长了46%。此外，上化院把一家全资公司进行混合所有制改造，通过增资扩股的过程，在产权交易平台交易，让科技团队持有股份。“这个尝试的效果也非常好，公司发展也很快。”

（原载东方网2018年8月20日，

网址：http://sh.eastday.com/m/20180820/u1ai11741345.html）

东方国际集团

2018 年 8 月 22 日，东方国际（集团）有限公司总裁朱勇做客访谈

企业介绍

东方国际（集团）有限公司（以下简称东方国际集团）由具有 150 年历史的上海纺织集团和具有近 70 年外贸历史的原东方国际集团联合重组而成，是一家拥有先进制造业与现代服务业，以时尚产业、健康产业和供应链服务为核心主业，以科技实业、产业地产、金融投资为支撑的大型跨国集团。东方国际集团拥有总资产 654.1 亿元、员工 7.2 万人（海外员工占 50%），2017 年实现营业收入 961.1 亿元。东方国际集团在海外拥有 96 家业务机构，分布在五大洲 28 个国家和地区。所属企业 363 家，上市公司 4 家（东方创业，申达股份、龙头股份、香港联泰控股）。

东方国际集团在国内外建成了一批先进制造基地，拥有全球第二的汽车内饰、全球第三的时尚箱包、全球第四的毛衫制造能力和一批为贸易配套的服装（面料）

制造工厂。纺织品服装出口名列中国第一；名列中国货代物流综合百强第23名。上海地区空运进出口货代排名第二，其中出口排名第一；出口订舱排名第三；海运进口分拨排名第二。东方国际集团已在世界170多个国家或地区拓展了业务，与众多著名跨国公司开展了合作，拥有“三枪”“Lily”“Prolivon”“衣架”“银河”等著名品牌和里奥竹、芳砜纶等自主知识产权高新纤维以及“爱奢汇”“齐分享”等知名线上跨境进口销售平台。在国内有近4000家直营零售终端。

东方国际集团打造了一批时尚产业服务平台，“上海时装周”影响力亚洲第一，跻身世界五大时装周行列；拥有M50、上海国际时尚中心60多个时尚创意园区，总面积180万平方米，园区建设和体量达到全国第一。东方国际集团正在成为中国最具影响力的时尚产业综合配套服务商。东方国际集团旗下的上海国际棉花交易中心是国内唯一进口棉花及纺织品交易的国际性电商平台，拥有专业交易会员186家，年交易规模超100亿元。东方国际集团将发挥“强强联手、强优互补”的新优势，提升国际国内两个市场的统筹能力，打造“全球布局、跨国经营”的综合贸易实业航母舰队，努力在上海“四大品牌”和“五个中心”建设以及全球卓越城市和国际文化大都市建设中发挥主力军的作用。

东方国际集团：打造“上海制造”和“上海购物”的“国际范”

新华社　有之炘

从“三枪”“菊花”“海螺”等知名老品牌，到“Prolivon”“衣架”“Lily”等新晋品牌，从极具活力的上海时装周，到首届中国国际进口博览会，背后都有上海最大的综合性贸易集团——东方国际集团的身影。这家2017年刚刚完成重组的集团，对标世界一流，争当全国同行业改革发展的排头兵，实现跨越式发展。

8月22日，在上海举办的“改革开放再出发　新征程上铸品牌——2018‘对话上海国企领导’全媒体大型访谈”活动中，东方国际（集团）有限公司党委副书记、总裁朱勇表示，以“全球布局、跨国经营”为己任，努力把东方国际集团建成融先进制造业和现代服务业为一体的大型跨国综合集团。

东方国际（集团）有限公司由具有150年历史的上海纺织集团和具有近70年外贸历史的原东方国际集团在2017年8月底联合重组而成，把纺织工业优势与专业外贸优势有机结合。在朱勇看来，“全球布局、跨国经营”是重组后的东方国际集团的一大特点，在东方国际集团7万多名员工中，海外员工占了一半，在东方国际集团所属的461家企业中，有96家海外业务机构，分布在五大洲28个国家和地区。

朱勇介绍，东方国际集团的主业发展目标为“一体两翼三支撑”，即以时尚产业为主体，以健康产业、供应链服务为两翼，以科技实业、产业地产、金融投资为支撑，力争成为传统产业转型升级的引领者，成为连通国内外大市场的引领者。

在打响“上海制造”品牌方面，东方国际集团从劳动密集型向智能化、自动化转型升级。东方国际集团成立了中央研究院，旨在瞄准国内外科技前沿，强化应用性基础研究；对标世界一流标准，推进汽车内饰跨国经营，东方国际集团将在上海设立汽车内饰业务的全球管理总部；整合产业链资源，提升毛衫业务ODM（原始设计制造商）能力，计划投资建设集设计、打样、研发为一体的全球毛衫研发中心。

在打响“上海购物”品牌方面，东方国际集团不仅让一批传统民族品牌焕发青春，还打造了一批新品牌。朱勇表示，通过加强品牌战略研究、商业模式创新、提升设计研发能力，东方国际集团旗下的“三枪”“海螺”“菊花”等知名老品牌焕发出新的时尚活力，展示纺织科技时尚产业的新模式和新业态。与此同时，“Prolivon”“衣架”“Lily”等新品牌纷纷崛起，成功抢占市场，铸就上海本土服装品牌新概念，带动上海购物环境，推广上海品牌，提升上海城市形象。

上海时装周是东方国际集团另一个呈现服装服饰文化“国际范”的平台。东方国际集团承办的上海时装周，通过以消费引领带动商业模式的改革创新，提升了中国文化和民族品牌在国际上的形象，已成为上海建设国际消费城市和打造品牌之都、设计之都、时尚之都的有效载体。朱勇称，近年来，上海时装周分别与米兰、巴黎、伦敦、东京等时装周签订了战略合作协议，并与纽约时装周建立了联系，上海时装周每年两季发布作品达到 200 场，参与活动总人数超过 20 万人次，辐射面达 3 亿人群。

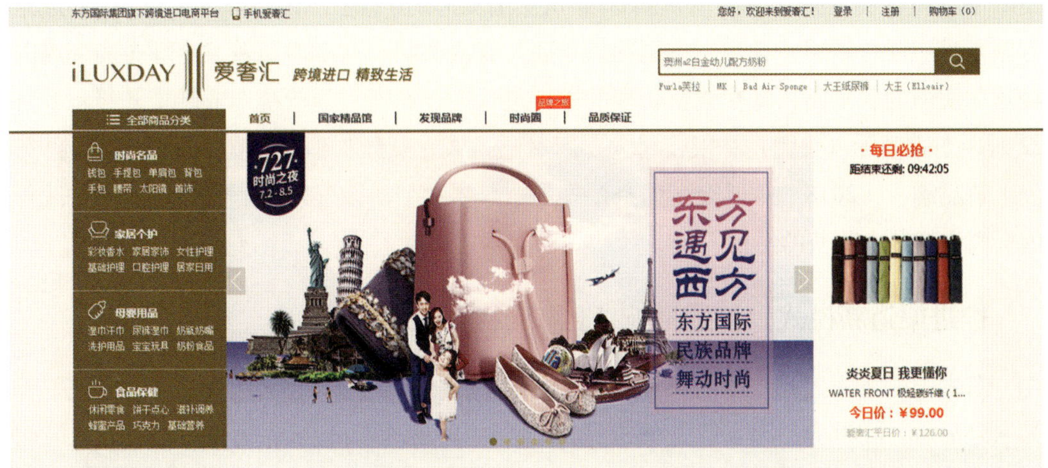

近年来，东方国际（集团）有限公司积极打造线上跨境进口销售平台

2018 年 11 月，中国国际进口博览会在上海举办。东方国际集团成为进博会官方授权的招商合作伙伴和综合贸易服务商，已向中国国际进口博览局推荐签约客户 105 家，并为展商提供“一站式服务”。朱勇表示，2018 年东方国际集团进口增量确保 20%，力争 40%；进口绝对额确保 30 亿美元，力争 35 亿美元，抓住进口博览会的契机，积极拓展进口业务，转型升级外贸业务。

（原载《新华每日电讯》2018 年 8 月 23 日）

让传统民族品牌焕发青春　东方国际集团创新转型“再出发”

东方网　柏可林

“三枪”“海螺”“钟牌414”，这些在国内市场享有盛誉的老品牌，都出自东方国际集团麾下。2017年8月31日，具有150年历史的上海纺织集团和近70年外贸历史的原东方国际集团联合重组，成为东方国际（集团）有限公司。这个肩负着“全球布局、跨国经营”使命的新集团，将在创新转型的推进过程中，如何引领传统产业转型升级？8月22日，东方国际（集团）有限公司党委副书记、总裁朱勇来到“改革开放再出发　新征程上铸品牌——2018‘对话上海国企领导’全媒体大型访谈”现场，畅谈新集团在践行国资国企改革中收获的经验。

推进渠道新模式　打造打响“上海购物”品牌

东方国际集团拥有在国内市场享有盛誉的“三枪”“菊花”“海螺”“民光”“凤凰”等知名老品牌。在世界品牌实验室公布的2017年中国最具价值品牌排行榜中，“三枪”与“海螺”的品牌价值分别为49.1亿元人民币和47.5亿元人民币。“通过新开、翻新、扩改，三枪生活馆新模式店规模已达到936家，结合三枪生活馆建设，海螺与民光也跟随三枪生活馆的业务拓展，覆盖到了全国各主要省市。”朱勇说。

如何让民族品牌更具品牌影响力？朱勇介绍，东方国际集团掌控着由8000多个营销网点组成的庞大内销网络，产品遍布国内中高档百货商场、专卖店及超市连锁，内衣营销网络被摩根斯坦利评估为“中国内衣市场最完善的营销渠道”。“在品牌并购方面，我们积极寻找与各品牌现有业务相关联的战略合作项目，推进品牌收购兼并，收购了女子内衣品牌‘百利安’，进一步丰富了三枪内衣品牌群”。朱勇告诉记者。

除了以上这些老品牌，东方国际集团还推陈出新了Prolivon、衣架、Lily等一批新品牌，受到年轻顾客欢迎。目前，Prolivon门店总数已达到35家，终端分布区域也从上海、江苏、山东等区域拓展到重庆等中西部区域。衣架品牌成功抢占国内轻奢中淑装市场，目前店铺数累计达86家，门店遍布一二线重点购物中心。

以进口博览会为契机　打响“上海服务”品牌

据朱勇介绍，在进口博览局和市商务委的指导下，东方国际集团举全力对接、服务进博会，成为进博会官方授权的招商合作伙伴和综合贸易服务商，“集团已向进博局推荐签约净面积 7735 平方米（展位面积约 17 100 平方米），签约客户 105 家，推荐 27 个国家和地区的签约客户 105 家（包括医科达、联合利华、富士康、美国 UL 等 10 家世界 500 强和行业龙头）”。

“三枪内衣”是东方国际（集团）有限公司旗下享誉全国、闻名东南亚的民族品牌和国货精品

朱勇还透露，东方国际集团已与黄浦、长宁等区签署战略合作协议，与中国银行、建设银行等金融机构建立了战略合作关系。东方国际集团下属 2 家位于市中心的企业被认定为“6 天 +365 天”进口商品交易平台。东方国际集团在元中大厦建设的东方国际进口商品国别展销中心投入试运营。2018 年，东方国际集团给自己定了一个“小目标”：“进口增量确保 20%，力争 40%；进口绝对额确保 30 亿美元，力争 35 亿美元。”

东方国际集团拥有水陆空多领域、多行业的经营资质，构建了覆盖全国多个区域的物流业务渠道网络布局。朱勇介绍：“由集团牵头筹备‘综合贸易服务商联盟’，整合贸易、物流、金融等行业龙头企业资源，制定报关、报检、物流、搭建、贸易对接、商旅服务等‘一站式’服务方案，为进博会的展商、采购商提供全方位、多角度的服务。”

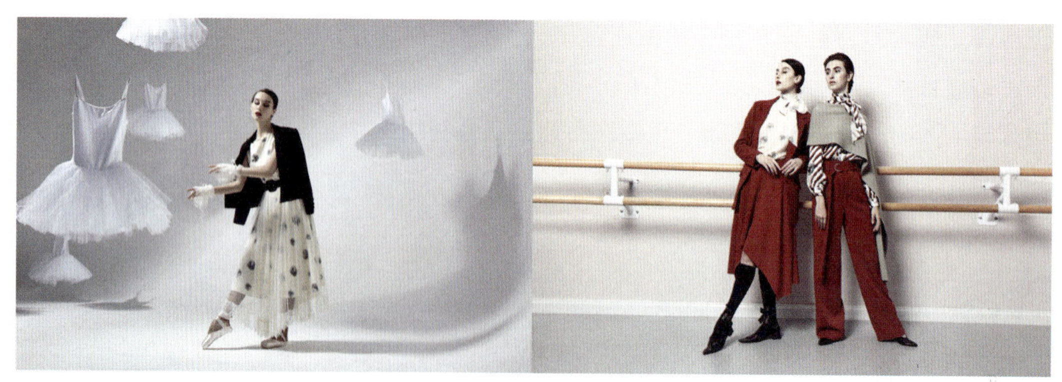

东方国际（集团）有限公司旗下高端女装品牌“衣架”

以文博文创为抓手　打响“上海文化”品牌

由东方国际集团承办的“上海时装周”经过15年运作，已经跻身世界五大时装周行列，成为了上海的一张名片。近年来，上海时装周分别与米兰、巴黎、伦敦、东京等时装周签订了战略合作协议，并与纽约时装周建立了联系。据统计，上海时装周每年两季发布作品达到200场，参与活动总人数超过20万人次，150家国内外媒体宣传时装周，辐射面达3亿人群，吸引了国际买手、时尚经纪人、国际知名设计师、国际时尚媒体关注，扩大了国际影响力，形成了新的发展资源。

在发挥文化创意产业先发优势的同时，东方国际集团也在加快成为中国最具影响力的时尚产业综合配套服务商。提升时尚园区内涵，搭建文化创意产业公共服务平台，已经打造了一系列城市时尚地标，已建成M50、尚街Loft、上海国际时尚中心等60多个时尚创意园区，总面积180万平方米，园区建设和体量达到全国第一。朱勇透露，“未来三年，集团将进一步打造时尚园区创新模式，建成一批新的知名时尚产业集聚地，实现园区4.0升级发展”。

通过输出M50文创园区的运作模式，东方国际集团在绍兴打造了“水街壹号”文创园，使文创产业走出上海，时尚文化生活理念辐射至长三角，得到当地政府、社区的高度好评。

（原载东方网2018年8月22日，
网址：http://sh.eastday.com/m/20180822/u1ai11748453.html）

国泰君安

2018 年 8 月 29 日，国泰君安证券股份有限公司党委副书记、副董事长、总裁王松做客访谈

企业介绍

国泰君安证券股份有限公司（以下简称国泰君安），中国证券行业长期、持续、全面领先的综合金融服务商。国泰君安跨越了中国资本市场发展的全部历程和多个周期，始终以客户为中心，深耕中国市场，为个人和机构客户提供各类金融服务，确立了全方位的行业领先地位。从 2007 年到 2018 年，国泰君安的营业收入连续 8 年名列行业前三，在致力于实现高质量增长、规模领先的同时，注重盈利能力和风险管理。自 2008 年以来，国泰君安连续 12 年获得中国证监会授予的 A 类 AA 级监管评级，该评级是迄今为止中国证券公司获得的最高评级。

在二十余年创新发展过程中，国泰君安逐渐形成了风控为本、追求卓越的企业文化，成为中国资本市场全方位的领导者以及中国证券行业科技和创新的引领者。

这样的成绩源自全体国泰君安人的共识：客户至上、统筹兼顾的利益观，风控为本、追求卓越的业务观，以人为本、协同协作的人才观，创新超越、珍惜声誉的处世观；源自对共识的高度认同和持续实践。

基于在中国本土强大的竞争优势，未来，国泰君安将主动满足客户跨境需求，务实推进国际化，建立覆盖全球的业务网络和执行能力，为客户提供综合金融服务，努力成为根植本土、覆盖全球、有重要影响力的综合金融服务商。

打造本土领先的综合金融服务商

——国泰君安着力提升能级，打响服务品牌

新华社　王　原

2017年实现营业收入238.04亿元，排名行业第3位；归属上市公司股东的净利润98.82亿元，排名行业第2位；2018年上半年实现营业收入114.61亿元，归母净利润40.09亿元；连续11年获得证监会授予的A类AA级监管评级，标普和穆迪对国内券商的最高国际信用评级。这一项项关键指标背后体现出的是上海本土国资券商——国泰君安“本土全面领先、具有国际竞争力的综合金融服务商”的业内领先地位。

“近年来，国泰君安在积极服务国家和上海战略，着力提升金融服务能级，努力在建设国际金融中心、打响上海服务品牌尤其是金融服务品牌方面，作出积极贡献。”国泰君安总裁王松8月29日在参加“改革开放再出发　新征程上铸品牌——2018‘对话上海国企领导’全媒体大型访谈”活动时说。

2016年，国泰君安证券股份有限公司以担任独立财务顾问的方式，协助上海电力收购巴基斯坦卡拉奇电力公司66.4%的股权，是A股市场首例涉及巴基斯坦的并购项目，也是目前中国企业在巴基斯坦金额最大的收购项目

具体来看，在个人金融业务方面，国泰君安是中国证券行业率先提出综合理财服务创新的券商。2018 年上半年，公司代理买卖证券业务净收入（含席位租赁）排名保持行业第 1 位，代理销售金融产品净收入排名行业第 1 位，金融期货交易量排名保持行业第 3 位。

金融科技已经成为驱动金融服务升级的重要引擎，按照“科技 + 服务”双核驱动的业务策略，利用移动互联网、大数据、人工智能、云计算等技术在客户服务和品牌建设方面取得了诸多重要成果。2018 年上半年，打造的投资理财领域超级 APP——国泰君安君弘 APP 用户数上升至近 2500 万户，月活跃度稳居行业前二。

在企业机构金融业务方面，国泰君安率先开创了全业务链主经纪商服务，以全方位满足专业投资机构和企业客户的综合金融服务需求。与此同时，国泰君安积极参与上海金融要素交易市场完善，创设丰富而有竞争力的金融产品，助力上海国际金融中心建设，大力服务支持自贸区建设、国资国企改革、上海科创中心建设。例如，国泰君安作为唯一券商，参与投资了总规模 300 亿元的上海科创中心母基金，服务科技及创新企业股权投资。

国泰君安响应国家号召，在精准扶贫上投入了大量人力物力，2016 年以来，先后与江西省吉安县、四川省普格县、安徽省潜山县三个国家级贫困县签署全面战略合作协议，积极发挥资本市场在脱贫工作中的促进作用。连续 6 年对口帮扶上海市奉贤区，为贫困家庭、老人及学生提供帮扶资助；积极开展扶贫助学及教育帮扶，持续为上海 4 所大学，深圳、重庆等 11 所大学贫困学生提供助学资助；为甘肃、江西、云南等地的三所国泰君安希望小学学生和教师提供物质及资金援助。

围绕上海市打响“四大品牌”建设，国泰君安推进实施一系列长期内生性机制安排：一是以客户为中心，全力建设零售与企业机构两大客户服务体系；二是推进落实矩阵式管理，形成总分合力；三是聚焦重点产业，着力构建良性互动的买方业务新生态，从源头上服务好实体经济；四是提炼并持续建设主要业务核心竞争力，从根本上构筑强大的金融服务能级；五是建立科学公平、有前瞻性、准确到位的考核与激励约束机制，持续培养引进国际化人才，为上海国际金融中心贡献人才力量。

（原载《新华每日电讯》2018 年 8 月 30 日）

国泰君安：打造国际一流投资银行 助力上海国际金融中心建设

东方网 柏可林

2018 年 4 月，上海市委市政府明确了打响“上海服务”“上海制造”“上海购物”“上海文化”四大品牌的重大部署，对上海国有企业自身的服务能力和品牌建设提出了更高要求。作为一家上海本土的国资券商，国泰君安秉承金融报国的理念，着力提升金融服务能级。

2018 年 8 月 29 日，在“改革开放再出发 新征程上铸品牌——2018‘对话上海国企领导’全媒体大型访谈”现场，国泰君安总裁王松透露，2017 年，国泰君安营业收入 238.04 亿元，排名行业第 3 位；归属上市公司股东的净利润 98.82 亿元，排名行业第 2 位。通过推进实施一系列长期内生性机制安排，国泰君安在证券行业内率先建成现代投资银行的四梁八柱，目前取得了显著成效。

● 国泰君安证券股份有限公司作为唯一一家券商参与上海科创中心母基金投资

2018 年上半年营业收入 114.61 亿元 居行业领先水平

国泰君安作为中国证券行业的龙头券商，金融服务水平和服务品牌在行业内长期保持着领先地位。王松告诉记者，过去三年来，国泰君安下大力气构建了立足长期发展的资本基础、文化基础和战略基础，“公司用25个月的时间，补齐了资本实力的短板，实现了A+H国际化资本架构，为打造具有国际影响力的一流投资银行奠定了资本基础”。

国泰君安坚持高质量的内涵式发展，取得了良好的经营成果。2018年上半年，国泰君安实现营业收入114.61亿元，归母净利润40.09亿元，各项业务继续保持行业领先地位。同时，国泰君安已经连续11年获得证监会授予的A类AA级监管评级，并获得标普和穆迪对国内券商的最高国际信用评级。

提升跨境服务能力 支持上海国际金融中心建设

无论是支持、服务上海国际金融中心建设，还是打造自身的综合服务能力，证券公司在提升跨境服务能力、打造国际化服务品牌方面都有着迫切的需求。在全球布局方面，国泰君安是较早在香港布局并发展业务的券商。近两年，国泰君安加大美国、新加坡等重要区域的国际化布局。王松表示：“公司构建的以香港为支点，辐射亚太，布局发达资本市场、“一带一路”沿线的国际化发展格局已初见成效。”

在持续提升跨境服务能力方面，近年来，国泰君安在业内率先推进一批跨境创新业务落地，外汇业务和跨境投资业务先后获得监管部门许可开展，创新服务境内外客户全球交易、投资的基础进一步夯实。同时，国泰君安不断提升综合服务能力，助力国内企业参与“一带一路”建设。国泰君安在新加坡设立了“一带一路”基金，完成了多个沿线国家的大型收购投行项目。

“2016年，公司受聘担任上海电力股份有限公司收购巴基斯坦KE公司66.4%股权的独立财务顾问，是中国企业在巴基斯坦境内金额最大的收购项目，也是配合国家‘一带一路’建设服务国际产能合作的代表性项目。”王松举例道：“2017年，公司作为独立财务顾问，主导、推动和完成了中国化工集团总公司旗下上市公司湖北沙隆达股份有限公司收购以色列ADAMA项目。”

王松表示，未来，国泰君安将以对外开放为契机，坚定不移地推进战略措施，提升现代投资银行的核心能力，并有针对性地对照全球领先的金融机构，“补短板、练内功”，实现高质量发展，致力打造成国际一流投资银行。

投资上海科创中心母基金 “科技+服务”双核驱动

在完善上海金融要素交易市场方面，国泰君安也投入了大精力，其创设了丰富而有竞争力的金融产品，助力上海国际金融中心建设，大力服务支持自贸区建设、国资国企改革、上海科创中心建设。例如，国泰君安作为唯一券商，参与投资了总规模300亿元的上海科创中心母基金，服务科技及创新企业股权投资。

当下，金融科技已经成为驱动金融服务升级的重要引擎。王松表示，国泰君安将金融科技视为首要战略支柱和现代化投资银行的基础能力，提出“科技引领综合金融服务升级和业务模式再造”。近几年，国泰君安利用移动互联网、大数据、人工智能、云计算等技术在客户服务和品牌建设方面取得了诸多重要成果。“我们打造了投资理财领域超级 APP‘国泰君安君弘’，打响了国泰君安在移动互联网端的服务品牌。”王松介绍。

截至 2018 年上半年，国泰君安君弘 APP 用户近 2500 万，在券商 APP 的竞争中，各项关键指标均位居行业前列。未来，国泰君安君弘 APP 将继续依靠科技推动，在国泰君安零售经纪向财富管理的转型升级中扮演重要角色。

聚焦重点产业　从源头服务实体经济

围绕“打响‘四大品牌’，提升金融服务能级”，国泰君安推进实施了一系列长期内生性机制安排。王松向记者介绍，国泰君安以重点产业为买方生态纽带，推动买方业务线深耕重点产业，服务实体经济发展，实现买卖业务联动，支持卖方业务线聚焦重点产业的高端客户群。

2018 年 3 月，国泰君安证券股份有限公司在“应对气候变化创新论坛”上与摩拜单车、小绿碳链联合举行碳减排交易签约仪式

“一方面，我们推动资产管理、私募股权投资、交易投资等买方生态不断完善，做好上海国际金融中心建设中的功能布局。”王松说，“另一方面，我们持续推进干部队伍

建设，加强国际化专业人才的引进和内部员工国际化专项培训，打造一支多层次、跨部门的国际化人才储备队伍，为上海国际金融中心贡献人才力量。”

（原载东方网 2018 年 8 月 29 日，
网址：http://sh.eastday.com/m/20180829/u1ai11770328.html）

浦发银行

2018 年 9 月 4 日，上海浦东发展银行股份有限公司行长刘信义做客访谈

企业介绍

上海浦东发展银行股份有限公司（以下简称浦发银行）是 1992 年 8 月 28 日经中国人民银行批准设立、1993 年 1 月 9 日开业、1999 年在上海证券交易所挂牌上市的全国性股份制商业银行，总行设在上海。目前，注册资本金 293.52 亿元。良好的业绩、诚信的声誉，使浦发银行成为中国证券市场中备受关注和尊敬的上市公司。

秉承“笃守诚信，创造卓越”的核心价值观，浦发银行积极探索金融创新，资产规模持续扩大，经营实力不断增强。至 2019 年 6 月末，浦发银行总资产规模达 6.66 万亿元。目前，浦发银行已在境内外设立了 41 家一级分行、近 1700 家营业机构，拥有超过 5 万名员工，架构起全国性国际化商业银行的经营服务格局。近年来，浦发银行加快国际化、综合化经营发展，以香港、新加坡、伦敦分行开业、浦银国际成立为标志，国际化经营步伐不断加快，以投资设立浦发村镇银行、浦银金融租赁有限公司、浦发硅谷银行等机构和顺利收购上海国际信托有限公司为标志，积极推进综合化经营。

上市以来，浦发银行连续多年被《亚洲周刊》评为“中国上市公司100强”。2019年1月，英国《银行家》杂志发布“全球银行品牌500强”排名，浦发银行位列第18位，居上榜中资银行第7位，品牌价值132.52亿美元；6月，美国《福布斯》杂志发布“全球企业2000强”排名，浦发银行位列第65位，居上榜中资企业第13位、中资银行第9位；7月，英国《银行家》杂志发布“全球银行1000强”排名，根据核心资本，浦发银行位列全球第24位，居上榜中资银行第9位；7月，美国《财富》杂志发布“财富世界500强”排名，浦发银行位列第216位，居上榜中资企业第56位、中资商业银行第8位。目前，浦发银行是国内为数不多同时获得三大国际评级机构投资级以上评级的股份制商业银行之一：惠誉对浦发银行的评级为长期发行人违约评级BBB，评级展望稳定；标普对浦发银行的评级为长期信用评级BBB、短期信用评级A—2，评级展望稳定；穆迪对浦发银行的评级为长期存款评级Baa2、短期存款评级Prime—2，评级展望稳定。

深耕金融服务的同时，浦发银行积极践行社会责任，致力于打造优秀企业公民。2019年浦发银行获评中国银行业协会“最佳精准扶贫贡献奖”“最佳社会责任特殊贡献网点奖”，2018年获评中国银行业协会“最佳绿色金融奖”。

浦发银行：科技引领打造一流数字生态银行

新华社　王淑娟

总资产由1993年最初成立时的87.5亿元增长到2018年6月末的60 917.59亿元，增长696倍；营业收入从1993年末建行之初的3.37亿元增长到2017年末的1686亿元，增长500倍；净利润从1993年的1.3亿元增长到2017年的542.4亿元，增长416倍，年均复合增长率接近30%……缔造这份靓丽业绩的是上海的骨干金融企业浦发银行。如今的浦发银行，已经架构起全国性国际化商业银行的经营服务格局。

浦发银行党委副书记、副董事长、行长刘信义9月11日在“改革开放再出发　新征程上铸品牌——2018‘对话上海国企领导’全媒体大型访谈”中表示，浦发银行成立以来不断创新突破，持续提升自身金融服务能力，用25年的时间取得了股份制银行平均30年发展才能取得的成就。未来将围绕“以客户为中心，科技引领，打造一流数字生态银行”的战略目标，将“浦发银行”品牌和“新思维、心服务”品牌主张塑造成具有行业标杆地位的旗舰型高端服务品牌。

人工智能、云计算、大数据、区块链等“黑科技”正改变着各行各业的形态，银行也不例外。如今的银行已经迈入了数字金融新时代，浦发银行的科技金融应用更是走在了前沿。“其实金融机构是金融科技应用最为广泛的机构，我们大力推进服务渠道的智能化转型，VTM（远程智能银行）交易笔数同比增长124%，零售业务自助渠道分流率增至83%，在业内首推智能柜台i-Counter，可以替代完成人工柜台90%的功能。空中营业厅智能服务占比达86.7%。”刘信义说。

将科技金融创新应用真正落地，浦发银行是金融创新的弄潮儿。实际上，浦发银行从诞生之初就有着创新的烙印。25年前，浦发银行在浦东开发开放的改革大潮当中诞生，在一些重要的时期和关键节点及时抓住了有利机遇，既服务了国家战略、地方经济社会发展，也实现了自己又好又快的发展。刘信义表示，“现在我们又面临着上海着力构建新时代发展战略优势的关键时期，浦发银行如何把握好和利用好这个战略的机遇？这对浦发银行的高质量可持续发展有重要的意义”。

据悉，对标上海打响“四大品牌”的各项目标和举措，浦发银行结合自身转型的发展实际，研究制定了具体推进落实的工作方案和责任分工表。

“具体来说，我们的总体目标是对标国际最高标准、最好水平，积极打响上海‘四大品牌’的同时，加快实现浦发银行自身的高质量发展。到2020年，我们要实现浦发银行支持上海打响‘四大品牌’服务的能力显著提升。作为新时代金融业高质量发展排头兵的辐射带动作用显著增强，标杆引领效应能够显著扩大。”刘信义说。

随着上海服务在全球辐射力度和影响力的大幅提升，刘信义认为，浦发银行未来的服务和发展空间会更大，担任的使命和责任也更加重要。“我们通过这么多年的努力，在经营业态上实现了由中小型银行向大中型银行跨越，由单一资金中介的传统商业银行向提供全面金融服务的金融集团的突破，形成了以银行为主体的集团化发展格局。下一步，浦发银行将不断强化自身品牌建设，提升浦发银行辐射带动能力，促进‘上海服务’品质提升，增强‘上海服务’的全国辐射度。”

（原载《新华每日电讯》2018 年 9 月 12 日）

当好新时代金融业排头兵　浦发银行助力上海“四大品牌”建设

东方网　柏可林

作为一家股份制商业银行，浦发银行整体经营保持着稳中有进、稳中向好的发展态势。作为一家市属骨干国资金融企业，浦发银行对标打响“四大品牌”的各项目标和举措，至2018年6月末，浦发银行上海分行服务“四大品牌”贷款余额达到927亿元。

回顾25年来的发展历程，浦发银行在一些重要时期和关键节点，都及时抓住有利机遇，实现了又好又快发展。2018年9月11日，浦发银行党委副书记、副董事长、行长刘信义来到“改革开放再出发　新征程上铸品牌——2018‘对话上海国企领导’全媒体大型访谈”现场，介绍了浦发银行的经营状况以及在服务“四大品牌”建设方面所做的努力。

打造一流数字生态银行

2018年8月末，浦发银行刚刚对外披露了2018年半年业绩报告。2018年上半年，面对错综复杂的外部环境，浦发银行围绕“以客户为中心，科技引领，打造一流数字生态银行”战略目标和“调结构、保收入、强管理、降风险”经营主线，聚焦主业，整体经营稳中有进、稳中向好。

据刘信义介绍，“2018年上半年，浦发银行营收位列五大股份制商业银行第二，实现集团口径营收823亿元；资产规模6.09万亿元，税后归属于母公司股东的净利润286亿元，比上年同期增加4.04亿元，同比增长1.43%”。浦发银行贷款总额为3.35万亿元，存款余额为3.21万亿元，个人贷款占比增幅排名五大股份制商业银行第一，个人存款规模增幅以及个人存款的占比增幅均位列五大股份制商业银行第一。

近年来，浦发银行的网点转型和渠道结构优化成效显著。截至2018年8月末，浦发银行完成智能化网点换新建设186家，完成223家网点的去高柜试点。刘信义告诉记者，在大力推进服务渠道的智能化转型的同时，VTM（远程智能银行）交易笔数同比增长124%，零售业务自助渠道分流率增至83%。浦发银行还在业内首推智能柜台i-Counter，可以替代完成人工柜台90%的功能。

50条细化举措推进上海“四大品牌”建设

当前，浦发银行正在加快转变发展方式、优化业务结构、转换增长动力，积极推动新一轮高质量发展。在认真学习、深入研究有关文件的基础上，浦发银行对标打响“四大品牌”的各项目标和举措，结合自身转型发展实际，研究制定了具体推进落实的工作方案和责任分工表。“从框架上看，主要包括1个总体目标、4个分项目标、17项工作任务和50条细化举措。”刘信义介绍，“具体来说，浦发银行落实打响‘四大品牌’工作的总体目标是：对标国际最高标准、最好水平，积极支持打响上海‘四大品牌’的同时，加快实现浦发银行的高质量发展。”

到2020年，浦发银行将实现支持上海打响“四大品牌”的服务能级显著提升，作为新时代金融业高质量发展排头兵的辐射带动能力显著增强，标杆引领效应显著扩大。“在支持打响‘上海服务’品牌方面，到2020年，浦发银行在银行间市场清算业务、贵金属交易业务等重要金融要素市场交易中的业务量要位居银行同业第一位。”刘信义为两年后的浦发银行制定了一个“小目标”。

发布业内首个科技金融服务平台　科技贷款余额逾1200亿元

金融是上海城市的核心功能，也是“上海服务”的关键内容。作为市属骨干金融企业，浦发银行在要素市场、科创金融、自贸金融、跨境金融等领域形成了自身特色。近些年，充分发挥总部在上海的区位优势，深度参与上海全球科创中心建设，打造了一体化科技金融专营体系。截至2018年8月，浦发银行已建立由1个总行科技金融中心、6家分中心、8家科技支行和38家特色支行构成的科技金融专业化经营模式。

“我行发布了业内首个科技金融服务平台，借助金融科技，有效提升科技领域投融资对接效率，实现了生态圈模式的数字化提升和集团资源全整合，并向科技创新生态链的核心主体开放。”刘信义介绍，“至2018年6月末，全行服务科技型企业客户数逾24 000家，科技贷款余额超过1200亿元。”

此外，浦发银行在助力上海全球科创中心建设方面不遗余力，推出科技创客贷，将金融服务进一步下沉至初创期的科技企业，围绕小巨人、专精特新、重点园区、供应链、新三板等五类客群，为科技企业解决融资难题。

正式推出“中国国际进口博览会金融服务方案”

2018年11月，首届中国国际进口博览会将在上海举办。为服务进口博览会顺利举行，浦发银行于9月6日正式推出了“中国国际进口博览会金融服务方案”，针对境内采购商、境外参展商、参展个人这三类人群，提供集顾问咨询、贸易融资、担保增信、汇率利率避险、财资管理等为一体的N项专属金融服务方案，满足客户在全球资金管理、货物及服务贸易、跨境投融资等不同层次的需求。

刘信义告诉记者，下一步，浦发银行将不断强化自身品牌建设，提升浦发银行辐射带动能力，促进“上海服务”品质提升，增强“上海服务”的全国辐射度，“我们将对标国际先进银行标准，加大创新转型力度，打造高效率、高品质、高质量的金融服务样板，将‘浦发银行’品牌和‘新思维、心服务’品牌主张塑造成具有行业标杆地位的旗舰型高端服务品牌”。

2018 年 7 月 11 日，上海浦东发展银行股份有限公司上海分行与上海张江高科技园区开发股份有限公司共同签署《党建共建协议》与《战略合作协议》

（原载东方网 2018 年 9 月 11 日，
网址：http://sh.eastday.com/m/20180911/u1ai11807774.html）

隧道股份

2018 年 9 月 18 日，上海隧道工程股份有限公司党委书记、董事长张焰做客访谈

企业介绍

上海隧道工程股份有限公司（以下简称隧道股份），从上海百年市政服务机构，一路跃变为中国基建板块首家上市公司和全球 EPC 市场公认的城市基础设施建设运营综合服务商……改革开放 40 年以来，隧道股份始终领跑行业，创建标准。作为“上海制造”在城市基础设施领域的龙头企业，隧道股份承担了中国各地城市建设升级的重任，创下了世界工程建设史 21 项“第一”与“之最”纪录。业务覆盖交通、建筑与房地产、水利水务、能源、地下空间、重大装备、新材料、数字化业务、建设金融等领域。凭借近千项重大工程的丰富建设管理经验与国内最齐全的产业链资源和核心技术，隧道股份为全球 15 个国家和地区的 86 座城市提供最具创造力的基础设施规划咨询、设计、投资、建造、运营“全生命周期服务”。

截至2018年9月，隧道股份总资产超过千亿，近3年基础设施累计投资额逾1200亿元。隧道股份拥有超过1000名领军人才、享受国务院特殊津贴专家、教授级高工、高工及CIOB皇家特许建造师。依托科技领先战略，隧道股份始终保持领先行业3—5年的技术优势，科研机构等级、实力和科研投入占比位列同行业之最。

隧道股份：创新求变　让“上海制造”闪耀世界

新华社　潘　旭　王默玲

中国首条越江隧道——打浦路隧道，中国首座外海跨海大桥——东海大桥，全球最大规模公轨合建桥隧工程——长江隧道，全球23座城市建设逾400公里的地铁线路……这些超级工程的背后是中国基建板块首家上市公司——隧道股份。如今这个城市建设“老字号”品牌一路“蜕变”为全球范围内行业认可的城市基础设施建设运营综合服务商，为全球城市追求更美好的生活提供服务与智慧。

“改革开放40年以来，隧道股份始终领跑行业，所积累的全球86座城市、逾千项重大工程的丰富建设管理经验、核心技术与齐全的产业链资源，让我们得以站在更高的起点再出发，为更多城市提供最具创造力的基础设施规划咨询、设计、投资、建造、运营‘全生命周期服务’。”隧道股份党委书记、董事长张焰在参加“改革开放再出发　新征程上铸品牌——2018‘对话上海国企领导’全媒体大型访谈”活动时说。

上海隧道工程股份有限公司总承包建设的世界最大直径盾构法隧道工程——上海长江隧道

城市基建领域的中国标准与中国智慧，正通过隧道股份被越来越多的国家认识到，而这“走出去”的优异成绩单的背后，是创新求变的锐意进取，是位居上海、心怀天下的国际视野。

“下一步，隧道股份要做的是从‘上海建设’转变为‘上海制造’。”张焰表示，未来，隧道股份不仅要把关注的重点从建设端，延长到整个全生命周期的服务端，让所有基础设施更好发挥功效，为城市做更好的服务。同时，还要致力于整个建筑业的更新，变“工程建设”为“工业化制造”，既保证产品的质量，同时又推动产品和服务的“上海标准”持续进步。

上海隧道工程股份有限公司总承包建设的中国首座外海跨海大桥——东海大桥

未来，隧道股份还将进一步把装配式技术延展到高架、隧道、道路、桥梁等更多基础设施领域中，输出更多完整的基础设施产品，带着标准和品牌为上海乃至全国城市，提供基础设施建设运营“全套服务”，打响隧道股份、“上海制造”品牌。

改革开放 40 年，城市已不再是从零开始。“改善城市基础设施的目的不是‘建设’而是‘使用’。”张焰表示，在浙江杭州，隧道股份以投资、建设、运营一体化模式打造的国内首个基础设施“全寿命周期”运营管理试点项目——文一路隧道在 2018 年 10 月通车。在项目规划期，隧道股份就从运营和使用方的需求出发，从未来 20 年、100 年的更长寿命周期中，考虑最大化城市资产的使用效率和价值。

在不断挑战隧道技术极限之外，隧道股份近年来也尝试站在城市未来需求的高度，为新一轮的城市更新提供工程专业支撑。比如大型隧道工程，在满足“越江交通”等基础需求外，也为城市各类“顽疾”寻找到了新突破口，例如，解决了中环高架两侧“断头路”问题的田林路下穿中环地道工程。

向内钻研本业、不辍创新，对外隧道股份拓展延伸的步伐也在不断加速。“下一步，我们还将进一步聚焦国家战略，为‘长三角经济一体化’‘长江经济带’等，提供一流的城市基础设施服务。”张焰说。而作为中国最早一批主动走出国门的国企之一，隧道股份自 1996 年进驻新加坡以来已承建了该国 25% 的地铁线路，连续 3 次获得新加坡承包商最高荣誉——国家挑战盾奖，成为唯一获此殊荣的中资企业。目前，隧道股份各类业务遍及印度、马来西亚、俄罗斯等全球十多个国家和地区。而在“一带一路”建设中，隧道股份与英国等更多欧洲国家建立紧密合作关系，探索进入竞争更激烈、要求更严苛的发达国家市场。

张焰表示，今天，隧道股份正以全新的思路、全新的模式、全新的业态，不断升级与擦亮“上海制造”品牌，向着“全球最具价值创造力的城市建设运营综合服务商”的全新愿景全力进发。未来，隧道股份将走出上海，辐射全国，并为全球更多国家的经济与城市发展贡献力量，让“上海制造”闪耀世界！

（原载《新华每日电讯》2018 年 10 月 8 日）

“把隧道建到泰晤士河” 隧道股份“上海制造”更高更深更广

东方网 夏 阳

上海申字形高架、北外滩、上海 F1 赛道……这些上海城市经典记忆，设计与建设都离不开隧道股份的身影。2018 年 4 月，上海市委市政府明确了打响“四大品牌”的重大部署，作为一家生发于上海本土的城市基础设施领域企业，隧道股份对于如何打响“上海制造”品牌，有着自己的理解和解读。

9 月 18 日，在“改革开放再出发 新征程上铸品牌——2018‘对话上海国企领导’全媒体大型访谈”现场，隧道股份党委书记、董事长张焰透露，下一步隧道股份要打造更卓越的品牌，不仅是“建设工程”而是“制造产品”，更要创建基础设施产品与服务的“上海标准”，从而在更高的水平上，提升隧道股份的品牌价值，提升“上海制造”的品牌内涵。

提升制造的高度 铸就品牌打造“上海标准”

“‘工程建设’留给城市的是构筑物，而‘产品制造’才能带来品牌，品牌会永远在人的心中根植。”张焰认为，打造品牌离不开“上海标准”的制定。比如过去，隧道股份做预制装配式建筑，首先考虑的就是自身预制构件产能，但现在按照做产品的思维来做，首先考虑的就是预制装配式建筑产品的标准和其整个使用周期中的用户服务体验。

张焰举了一个例子，以前一个立交项目最少要 500 位各型员工在现场，如今所有的构建通过计算机拆成很小的部件，在工厂里按照标准做成所有的部件，运输到现场以后像搭积木一样组装起来就可以了。而在现场，工厂预埋的数字芯片，将帮助现场技术工人，通过计算机高效完成吊装，所收集的数据，还将提供“可追溯”的产品售后跟踪，从而更好地服务后期全寿命周期的运营管理。

“通过创建全过程的技术、管理和服务‘标准’，让市场最优的资源按我们的标准来实施，实现从‘建设’向‘制造’的转变。”张焰表示，“有了这样的思路，我们就可以‘带着标准’‘带着品牌’，为上海乃至全国城市，提供从构件生产到建筑建造的‘全套服务’，用我们的标准和服务，打造一个品牌。”

不仅是产品和服务的标准更高了，张焰表示，“‘制造’也让农民工变成了产业工人，对城市的归属感也更强，整个城市和社会的成本也会下降。我们希望用这样一种方式，为上海下一步的城市更新和全球卓越城市的建设提供足够的支撑”。

这是一种从“上海建设”到“上海制造”的思想转换，这是一种从注重纯粹建造到注重城市卓越优化的角度提升，这更是一种融入了全生命周期概念的理念进步。事实上，隧道股份近年来就开始着手从工程建设商，向城市基础设施建设运营综合服务商转型发展。

开掘制造的深度　升级技术打造全生命周期产品

“城市的基础设施改善，目的是使用不是建设。”张焰用这句话总结了隧道股份对于基建的全新理解。改革开放 40 年，大量城市的基础建设从无到有，骨架网络基本完成。下一个 40 年的城市发展已经不再是从 0 开始，而是从运营和使用方的需求，来推动城市新一轮的更新。

以延安东路越江隧道为例，张焰表示，虽然管养的不错，但隧道运营一段周期以后须进行封闭大修，为上海这座特大型城市的交通带来很多问题，给老百姓的出行带来很大困难。如何避免大工程几十年就必须大修的困境？2018 年 10 月，国内首个全寿命周期运营管理试点项目——杭州文一路隧道即将正式通车，将提供破局之道。

2016 年 11 月，国内首个基于“互联网 +”技术的盾构大数据管理平台——上海隧道工程股份有限公司旗下“隧道股份盾构管控中心”上线，实现对上海、珠海、武汉等全国城市所有大型盾构法隧道工程的远程管控

在文一路隧道中，隧道股份建立了一整套基于大数据，以及BIM+GIS的机电和土建生命周期的评价体系。在项目规划期，就从它未来至少20年，甚至100年更长的设计寿命周期中，考虑如何最大化其使用效率。

据了解，文一路隧道植入了约3000多个智能感知终端，可监控土建中的沉降、变形、渗漏水，以及机电中的风机、消防、照明、排水等运行情况。通过这个平台，在项目立项、规划、设计、建设之初，建立起整个隧道的“病理档案”，以“低影响”的预防性养护，实现把大修化为中修，把中修化为小修，把小修融于日常运营管理。

力拓制造的广度　推进“上海制造”走向世界

“我们想改革开放再出发，不是小打小闹，我们做黄浦江、长江、黄河，可以到泰晤士河底下做隧道。”张焰这样展望隧道股份的未来。事实上，在泰晤士河建隧道不是一句空话，隧道股份正积极参与投标泰晤士河的隧道高速公路的项目，并收到了英国方面的积极回应。

企业要继续做大做强，“走出去”都是一种必然选择。张焰透露，2018年以来隧道股份市外市场新增合同签约额已超过股份公司市场总额的70%以上，而这一数据自2016年首次突破50%以来，每年都在不断增长。

在张焰看来，在海外市场的成功，源自隧道股份独一无二的“走出去”战略：隧道股份专业于以隧道、轨交等核心业务领域，已经把这个领域做到极致；专注于多元文化融合，800多名海外职工中外籍职工占到了80%；专心于安全和融入，到今天，隧道股份不仅在新加坡占有一席之地，更成为新加坡最受信赖的中国企业，是唯一一家三度捧回新加坡承包商最高荣誉——“承包商挑战盾”奖的企业。

据悉，隧道股份与欧洲、东南亚等最主要的建筑企业、财团、银行建立合作，与英国奥雅纳、印度塔塔、新加坡签署合作协议，并在2017年，将隧道股份整个国际业务的总部移至新加坡。

（原载东方网2018年9月19日，
网址：http://sh.eastday.com/m/20180919/u1ai11831472.html）

附　录

改革开放再出发　新征程上铸品牌

——2018“对话上海国企领导”全媒体大型访谈企业上市情况

企业名称	上市情况	官方网站
上海建工集团股份有限公司	上海建工：A 股 600170	http://www.scg.com.cn
上海申通地铁集团有限公司	申通地铁：A 股 600834	http://www.shmetro.com
上海国际集团有限公司	暂无	https://www.sigchina.com
上海科技创业投资（集团）有限公司	暂无	http://www.shstvc.com.cn
上海电气集团股份有限公司	上海电气：A 股 601727 H 股 02727 上海机电：A 股 600835 B 股 900925 上海集优：H 股 02345 海立股份：A 股 600619 B 股 900910	http://www.shanghai-electric.com
上海农村商业银行股份有限公司	暂无	http://www.srcb.com
百联集团有限公司	百联股份：A 股 600827 联华超市：H 股 00980 上海物贸：A 股 600822 第一医药：A 股 600833	http://www.bailiangroup.cn
华东建筑集团股份有限公司	华建集团：A 股 600629	http://www.arcplus.com.cn
申能（集团）有限公司	申能股份：A 股 600642 东方证券：A 股 600958 东方证券：H 股 03958	http://www.shenergy.com.cn
上海化工研究院有限公司	暂无	http://www.srici.com
东方国际（集团）有限公司	龙头股份：A 股 600630 申达股份：A 股 600626 东方创业：A 股 600278 联泰控股：H 股 00311	http://www.oih.com.cn
国泰君安证券股份有限公司	国泰君安：A 股 601211 H 股 02611	https://www.gtja.com

续表

企业名称	上市情况	官方网站
上海浦东发展银行股份有限公司	浦发银行：A 股 600000	http://www.spdb.com.cn
上海隧道工程股份有限公司	隧道股份：A 股 600820	http://www.stec.net

（资料截至 2019 年 8 月 31 日，企业以访谈时间为序）

后　记

2018年是改革开放40周年，也是国资国企改革的深化之年。从进一步提升国企质效，到加快推行混合所有制改革，再到营造良好的品牌发展环境，上海市国资国企已成为服务城市发展、助力上海打响“四大品牌”的重要引擎。

在上海市国资委党委、上海市国资委的指导下，新华社中国经济信息社、《新华每日电讯》、新华网、东方广播中心联合主办了“改革开放再出发　新征程上铸品牌——2018‘对话上海国企领导’全媒体大型访谈”活动。本次活动由新华社客户端、中国金融信息网、金融世界、第一财经、东方网提供媒体支持，月星集团全程支持。活动期间，共有14家大型国企负责人出席访谈，与新华社记者直接对话，话题聚焦上海国企在新时代新征程背景下的新举措和新亮点，挖掘上海国企铸造国际一流品牌过程中的先进经验，得到了各大媒体的广泛关注和报道。

《改革开放再出发　新征程上铸品牌——对话上海国企领导》一书在编撰过程中，充分汲取了2014年《谈改革　讲创新　话党建——对话上海国企领导》、2015年《聚焦一号课题　建设科创中心——对话上海国企领导》和2016年《海派匠心——对话国企领导》等书籍的编撰经验，全面梳理并总结了本次访谈的相关稿件及媒体对上海国企全面深化改革、助力打响上海“四大品牌”的相应报道，汇集了14则上海国企助力“四大品牌”建设的典型案例，力求为广大读者全面展示上海国企做强主业、创新技术、铸造品牌的生动实践。

“改革开放再出发　新征程上铸品牌——2018‘对话上海国企领导’全媒体大型访谈”活动的成功举办与本书的出版离不开各界同仁的鼎力相助。在此，对协办单位、支持单位和参与传播工作的兄弟媒体表示衷心的感谢。

《改革开放再出发　新征程上铸品牌——对话上海国企领导》编委会

2019年6月

图书在版编目(CIP)数据

改革开放再出发　新征程上铸品牌：对话上海国企领导/中国经济信息社编. —上海：上海人民出版社，2019
(新华社全媒体高端访谈)
ISBN 978-7-208-16240-2

Ⅰ. ①改…　Ⅱ. ①中…　Ⅲ. ①国有企业-企业管理-研究-上海　Ⅳ. ①F279.241

中国版本图书馆 CIP 数据核字(2019)第 287964 号

责任编辑　郭立群
装帧设计　范昊如

新华社全媒体高端访谈
改革开放再出发　新征程上铸品牌
——对话上海国企领导
中国经济信息社　编

出　　版　上海人民出版社
(200001　上海福建中路 193 号)
发　　行　上海人民出版社发行中心
印　　刷　上海中华印刷有限公司
开　　本　787×1092　1/16
印　　张　12.75
字　　数　225,000
版　　次　2019 年 12 月第 1 版
印　　次　2019 年 12 月第 1 次印刷
ISBN 978-7-208-16240-2/F·2619
定　　价　78.00 元

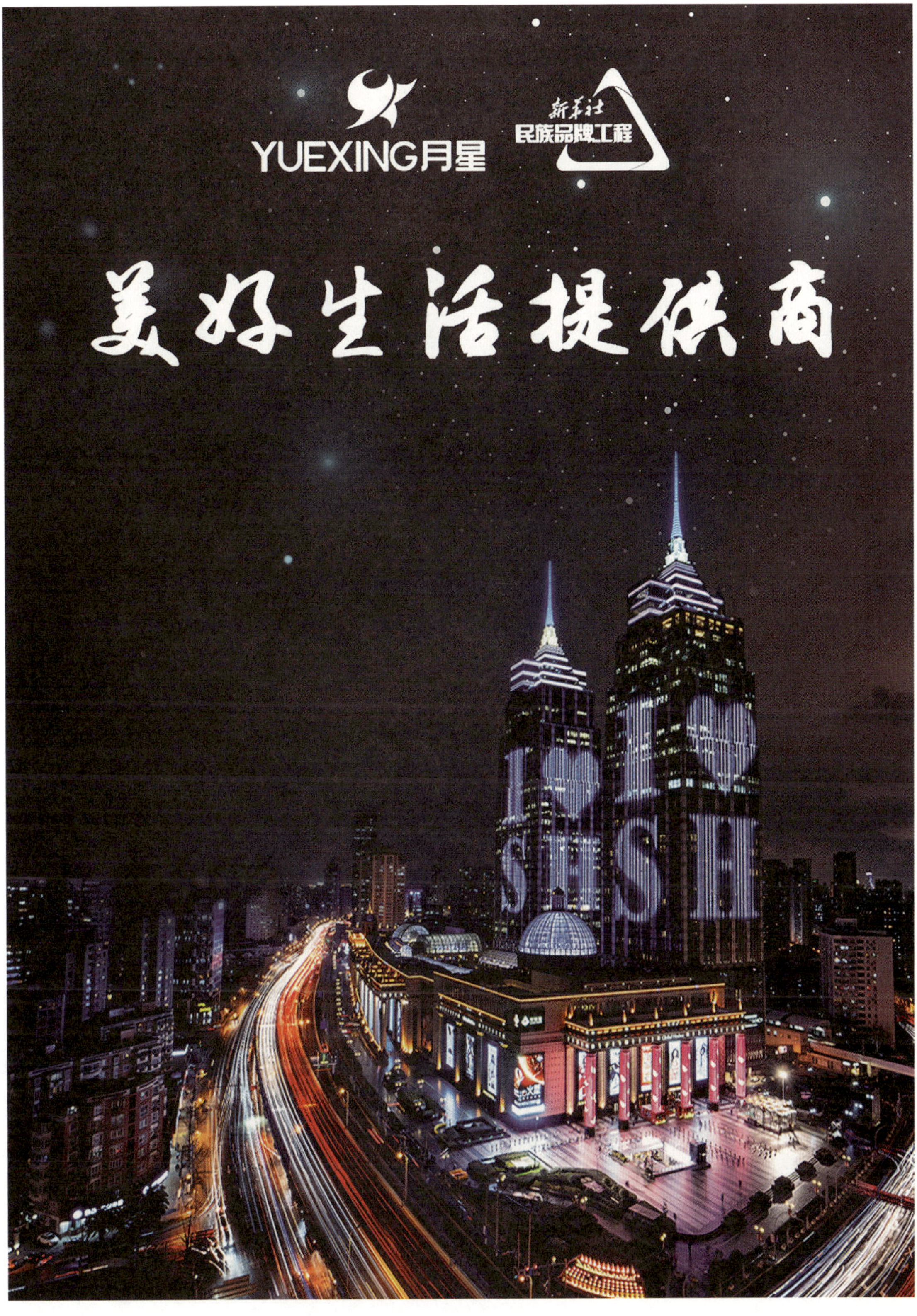
YUEXING月星
新华社
民族品牌工程
美好生活提供商
I ♥ SH
I ♥ SH

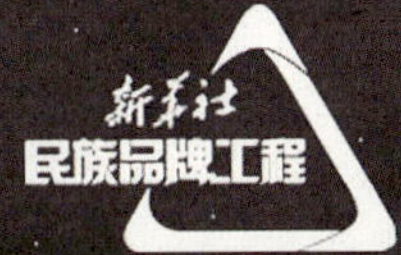